MAÎTRISE ISO 9001 BONNES PRATIQUES, ÉTUDES DE CAS ET FORMATION

Applications concrètes, études de cas et formation des responsables

DR. WILLIAM F. HARRINGTON

Maîtrise ISO 9001 – BONNES PRATIQUES, ÉTUDES DE CAS ET FORMATION

Applications concrètes, études de cas et formation des responsables

Dr. William F. Harrington

À celles et ceux qui ont parcouru ce chemin à mes côtés, partageant les défis comme les réussites, ce kit vous est dédié.
Votre soutien indéfectible, votre confiance en ma vision et vos encouragements constants ont été la boussole qui a guidé ma route.
Je vous remercie d'avoir été une partie essentielle de cette aventure.

AVERTISSEMENT

Ce travail a été initialement rédigé et publié en langue anglaise. Cette version française, y compris la présente remarque, a été générée à l'aide d'un outil d'intelligence artificielle, puis révisée par un linguiste professionnel. Malgré le plus grand soin apporté à l'exactitude et à la clarté de la traduction, l'auteur décline toute responsabilité en cas d'interprétations erronées ou de divergences éventuelles entre cette édition et le texte original en anglais.

La version originale en anglais reste la référence principale pour toutes les interprétations conceptuelles et techniques de la terminologie et du contenu liés aux normes ISO.

Rédigé par Dr. William F. Harrington

Dr. William F. Harrington

Dr. William F. Harrington est un expert distingué dans les normes ISO et l'excellence opérationnelle, avec plus de 25 ans d'expérience dans l'accompagnement des organisations à travers des transformations complexes et des initiatives de conformité. En tant que fondateur de Harrington Consulting, le Dr Harrington se spécialise dans la mise en œuvre, l'audit et l'amélioration continue des normes ISO, y compris ISO 9001, ISO 27001, ISO 14001 et ISO 45001. Son expertise permet aux entreprises de rationaliser leurs processus, améliorer leur conformité et favoriser l'innovation grâce à un alignement stratégique avec des normes internationales reconnues.

En plus de son travail de consultant, le Dr Harrington est un éducateur et formateur accompli, animant des ateliers ISO personnalisés pour les équipes de direction et le personnel opérationnel. Son enseignement se concentre sur l'équipement des leaders avec les connaissances et les compétences nécessaires pour intégrer efficacement les normes ISO dans leurs organisations.

CERTIFICATIONS CLÉS:

Certification	Norme/Domaine
Auditeur principal certifié	ISO 9001 (Management de la qualité), ISO 27001 (Sécurité de l'information), ISO 45001 (Santé et sécurité au travail), ISO 14001 (Management environnemental), ISO 22301 (Management de la continuité des activités)
Expert certifié	ISO 31000 (Gestion des risques), ISO 50001 (Management de l'énergie), ISO 37001 (Systèmes de management anti-corruption)
Formateur certifié	Mise en œuvre et audit des normes ISO 9001, ISO 27001, ISO 14001 et ISO 45001

DISTINCTIONS NOTABLES:

Prix	Description
Prix d'excellence ISO	Pour ses contributions à la certification ISO
Prix de leadership mondial	Décerné par l'Organisation internationale de normalisation (ISO)
Top 50 des experts ISO mondiaux	Pour son leadership dans les normes ISO

Academy IQC Vienna

Bienvenue à l'Académie IQC Vienna — votre centre d'apprentissage en ligne innovant et de ressources pour améliorer la gestion de la qualité, la conformité ISO 9001:2015 et la performance des entreprises grâce à des cours sur mesure, des e-formulaires et du coaching.

Service	Description	Lien
E-Workshop	Participez à des e-ateliers interactifs offrant une formation approfondie sur les normes ISO, la gestion de la qualité et la gestion des risques. Engagez-vous dans des exercices pratiques.	https://academy.iqc-vienna.com/e-workshop/
E-Coaching	Bénéficiez d'un coaching personnalisé auprès d'experts de l'industrie. Que vous ayez besoin de conseils sur la certification ISO, la préparation aux audits ou l'optimisation des processus.	https://academy.iqc-vienna.com/e-coaching/
Online Courses	Profitez de nos cours en ligne à votre rythme, conçus pour vous aider à maîtriser les normes ISO, améliorer la gestion de la qualité et développer les compétences nécessaires.	https://academy.iqc-vienna.com/online-courses/
Documentation Kits	Rationalisez votre mise en œuvre de l'ISO 9001 avec des kits de documentation complets, incluant des modèles pour les politiques, les procédures et les formulaires.	https://academy.iqc-vienna.com/documentation-kits/

Offre Spéciale

Nous offrons une réduction exclusive de 20 % sur l'un de nos services !
Si vous êtes intéressé par l'un de nos services, veuillez nous contacter et nous vous fournirons un code de reduction

Pour toute demande de renseignements et pour obtenir votre code de réduction, n'hésitez pas à nous contacter à l'adresse

support@iqc-vienna.com.

Ne manquez pas cette offre spéciale – commencez dès aujourd'hui votre parcours vers l'excellence opérationnelle avec l'Académie IQC Vienna!

Introduction

Die englische Version bleibt der maßgebliche Text für alle konzeptionellen und technischen Interpretationen der Terminologie im Zusammenhang mit ISO-Normen.

Cet ouvrage constitue un guide complet pour comprendre et mettre en œuvre la norme **ISO 9001**, référence internationale en matière de **systèmes de management de la qualité (SMQ)**. Il présente les **bonnes pratiques** favorisant une mise en œuvre réussie de l'ISO 9001, propose des **applications concrètes** dans divers secteurs d'activité et inclut des **études de cas** illustrant les avantages tangibles de la norme.

De plus, une section spécifique est consacrée à la **formation des responsables**, afin de leur fournir les compétences nécessaires pour piloter l'amélioration continue, garantir la satisfaction des clients et instaurer une véritable **culture de la qualité** au sein de leur organisation.

Que vous découvriez l'ISO 9001 ou que vous cherchiez à perfectionner votre système de management de la qualité, ce livre met à votre disposition des **outils pratiques** et des **stratégies éprouvées** pour vous aider à atteindre vos objectifs avec succès.

Pourquoi choisir ce livre ?

Cet ouvrage se distingue par son approche **pratique et concrète** de la mise en œuvre de la norme **ISO 9001**, rendant les concepts complexes **clairs, accessibles et applicables**. Grâce à des **bonnes pratiques éprouvées**, des **études de cas réelles** et des **modules de formation destinés aux responsables**, il offre bien plus qu'une simple théorie : il propose des **méthodes opérationnelles** capables de générer des **améliorations mesurables** au sein de votre organisation.

Que votre objectif soit d'**optimiser vos processus**, d'**accroître la satisfaction de vos clients** ou de **favoriser une culture d'amélioration continue**, ce livre a été conçu pour vous aider à atteindre ces résultats de manière **efficace et durable**.

À qui s'adresse-t-il ?

Cet ouvrage s'adresse particulièrement à :

- **Responsables qualité et dirigeants** souhaitant mettre en place ou améliorer leur **système de management de la qualité ISO 9001**.
- **Chefs d'entreprise et cadres exécutifs** désireux d'améliorer la performance organisationnelle et la satisfaction des clients.
- **Managers**, à tous les niveaux, responsables de la **maîtrise des processus**, de la **gestion des risques** et des **initiatives qualité** au sein de leurs équipes.
- **Consultants et formateurs** accompagnant les organisations dans leurs **projets de certification ISO 9001** et leurs démarches d'**amélioration continue**.
- **Étudiants et professionnels** en **management de la qualité** ou en **administration des affaires** souhaitant approfondir leur compréhension de l'ISO 9001 et de ses applications pratiques.

Table of Contents

CHAPITRE 1
Introduction à l'ISO 9001

Qu'est-ce que l'ISO 9001 ?

L'**ISO 9001** est une norme **internationale** reconnue pour les **systèmes de management de la qualité (SMQ)**. Elle fournit un cadre que les organisations peuvent suivre afin de garantir la **constance et la conformité** de leurs produits et services aux exigences des clients et aux exigences réglementaires applicables.

L'objectif principal de l'ISO 9001 est d'**accroître la satisfaction des clients** en améliorant les processus internes, en augmentant l'efficacité et en instaurant une **culture d'amélioration continue**.

Au cœur de la norme, il s'agit d'assurer la qualité dans **tous les aspects des activités** d'une organisation. L'ISO 9001 reposes sur plusieurs **principes fondamentaux** qui guident les entreprises vers une performance durable et la satisfaction des parties intéressées :

1. **Orientation client**

   L'objectif premier de toute organisation doit être de répondre aux besoins des clients et de s'efforcer de dépasser leurs attentes. L'ISO 9001 encourage les organisations à comprendre les exigences des clients et à y répondre de manière proactive.

2. **Leadership**

   Un leadership fort est essentiel pour orienter l'organisation vers ses objectifs qualité. Les dirigeants doivent définir une vision claire, fixer des orientations et veiller à ce que le système de management de la qualité soit intégré à la culture organisationnelle.

3. **Implication du personnel**

   Le succès repose sur la contribution de tous les collaborateurs, à tous les niveaux. L'ISO 9001 met l'accent sur la participation, la responsabilisation et le développement des compétences du personnel, afin qu'il contribue pleinement à la réussite du système.

4. **Approche processus**

   La norme encourage les organisations à considérer leurs activités comme un ensemble de **processus interconnectés**. En comprenant comment ces processus influencent la qualité des produits et services, les entreprises peuvent optimiser leur performance et garantir la cohérence des résultats.

5. **Amélioration**

   L'amélioration continue est au cœur de l'ISO 9001. Les organisations doivent rechercher en permanence des moyens d'améliorer leur SMQ, leurs processus et leurs performances globales, à l'aide d'outils tels que les audits, le retour d'expérience et les indicateurs de performance.

6. **Prise de décision fondée sur des preuves**

   Les décisions doivent reposer sur des données fiables et des faits avérés. En recueillant et en analysant les informations pertinentes, les organisations peuvent prendre des décisions éclairées qui conduisent à de meilleurs résultats.

7. **Management des relations**

   Des relations solides avec les fournisseurs, partenaires et autres parties intéressées sont essentielles pour garantir la qualité. L'ISO 9001 favorise des relations durables et mutuellement bénéfiques afin d'améliorer la performance et la fiabilité globales.

Éléments clés de l'ISO 9001

La norme ISO 9001 est structurée selon la **structure de haut niveau (High-Level Structure – HLS)**, introduite en 2015 afin de faciliter l'intégration avec d'autres normes de management. Ses principaux éléments sont :

Domain	Description
Contexte de l'organisme	Compréhension des facteurs internes et externes pouvant influencer la qualité.
Leadership	Définition des rôles, responsabilités et actions nécessaires pour soutenir le SMQ.
Planification	Identification des risques, des opportunités et des objectifs qualité.
Support	Allocation des ressources, développement des compétences et communication efficace.
Réalisation des activités opérationnelles	Maîtrise des processus de production et de prestation de services pour garantir la conformité aux exigences.
Évaluation des performances	Mesure de l'efficacité du SMQ à travers les audits internes, les retours d'information et les indicateurs de performance.
Amélioration	Actions correctives et optimisation continue des processus.

En résumé, l'ISO 9001 propose une **approche structurée du management de la qualité**, allant de la planification et de la fixation des objectifs à la surveillance et à l'amélioration continue des résultats.

Pourquoi l'ISO 9001 est-elle importante ?

L'ISO 9001 ne se limite pas à la rédaction d'un manuel qualité ou à la réussite d'un audit.

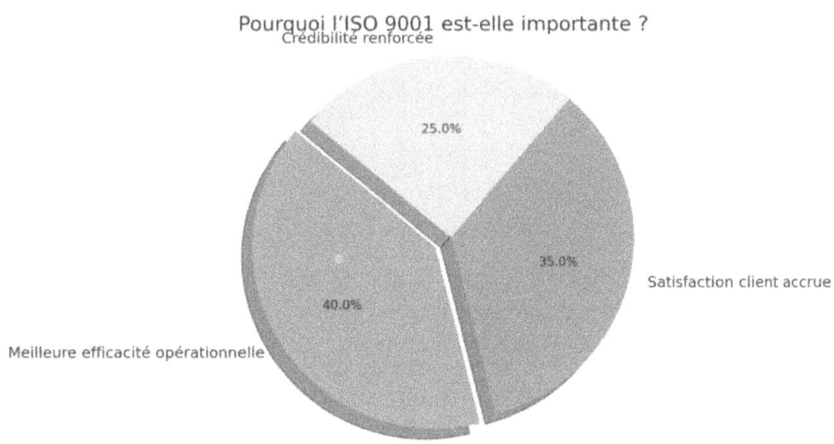

Il s'agit d'un **cadre de management stratégique** qui permet aux organisations de **rationaliser leurs opérations, réduire les gaspillages, accroître la satisfaction des clients** et, en fin de compte, **améliorer leur rentabilité**.

Les organisations qui mettent en œuvre l'ISO 9001 constatent généralement :

- **Une meilleure efficacité opérationnelle** : les processus optimisés réduisent les coûts et améliorent l'utilisation des ressources.
- **Une satisfaction client accrue** : la constance de la qualité des produits et services renforce la fidélité des clients.
- **Une crédibilité renforcée** : la certification ISO 9001 constitue une reconnaissance externe de l'engagement de l'organisation envers la qualité.

En définitive, l'ISO 9001 n'est pas seulement un ensemble d'exigences : c'est un **outil stratégique** que toute organisation, quel que soit son secteur ou sa taille, peut utiliser pour **améliorer la qualité, stimuler l'innovation et assurer une croissance durable**.

Évolution de l'ISO 9001 : de l'ISO 9000 à l'ISO 9001:2015

L'ISO 9001 a considérablement évolué depuis sa création, s'adaptant aux contextes économiques changeants et aux nouvelles approches du management de la qualité.

- **ISO 9000 (1987) – Les débuts des normes de management de la qualité**

  La famille ISO 9000 a été publiée en 1987 par l'Organisation internationale de normalisation (ISO). Elle visait initialement à établir des processus de contrôle qualité de base. La première version, ISO 9000, proposait des lignes directrices et des définitions pour les systèmes de management de la qualité, mais ne pouvait pas être utilisée directement à des fins de certification.

- **ISO 9001 (1987) – Première norme de certification**

  Publiée la même année, l'ISO 9001 faisait partie de la famille ISO 9000 et constituait la première norme utilisable pour la certification d'un SMQ. Elle visait principalement la standardisation des procédures et de la documentation, afin d'assurer la cohérence des produits et des processus.

- **ISO 9001:1994 – Accent sur la prévention et la gestion des processus**

La révision de 1994 a renforcé la prévention des défauts et la gestion des processus. Elle a également introduit la notion de satisfaction client et souligné le rôle du management dans la réussite du SMQ, tout en conservant une forte exigence documentaire.

- **ISO 9001:2000 – Passage à l'approche processus**

  La révision de 2000 a marqué un tournant majeur. Elle a introduit l'**approche processus**, incitant les organisations à considérer leurs activités comme des processus interdépendants plutôt que comme des tâches Isolées. L'accent a été mis sur la satisfaction du client, l'engagement de la direction et l'amélioration continue, tout en assouplissant les exigences documentaires.

- **ISO 9001:2008 – Clarifications et harmonisation**

  La version 2008 a apporté des clarifications mineures à la norme précédente, dans le but d'améliorer la cohérence de mise en œuvre entre les secteurs, sans modification structurelle majeure.

- **ISO 9001:2015 – Une approche stratégique fondée sur les risques**

  La révision de 2015 a introduit des changements significatifs pour refléter les besoins des organisations modernes. Les principales évolutions incluent :

  - **Structure de haut niveau (HLS)** : harmonisation avec les autres normes ISO (ISO 14001, ISO 45001, etc.) afin de faciliter l'intégration des systèmes de management.
  - **Approche fondée sur les risques** : mise en avant de l'identification proactive et de la maîtrise des risques susceptibles d'affecter la performance du SMQ.
  - **Contexte de l'organisme** : prise en compte des facteurs internes et externes influençant le système.
  - **Leadership et engagement** : renforcement de l'implication de la direction pour faire de la qualité un axe stratégique.
  - **Management par les processus** : consolidation de l'approche processus en privilégiant la cohérence des résultats plutôt que la simple conformité.

La version 2015 a rendu la norme plus **flexible**, plus **stratégique** et mieux adaptée aux réalités du management moderne, en plaçant au centre la **direction**, l'**amélioration continue** et la **satisfaction du client**.

Pourquoi les organisations ont-elles besoin de l'ISO 9001 ?

Les entreprises, quel que soit leur secteur ou leur taille, tirent de nombreux bénéfices de la mise en œuvre de l'ISO 9001. Parmi les principales raisons :

1. Amélioration de la satisfaction client

L'ISO 9001 aides les organisations à mieux comprendre et satisfaire les besoins et attentes de leurs clients. En plaçant la satisfaction du client au cœur du système de management de la qualité, elles assurent la fourniture de produits et services constants et conformes, renforçant ainsi la fidélité et la confiance.

2.Efficacité opérationnelle accrue

L'approche processus préconisée par la norme permet de rationaliser les activités, de réduire les gaspillages, d'optimiser la gestion des ressources et d'améliorer la performance globale, générant ainsi des **économies** et une **rentabilité accrue**.

3. Cohérence et Fiabilité

La norme ISO 9001 établit des processus standardisés garantissant la cohérence dans la fourniture des produits et des services. Qu'une organisation fabrique des biens ou propose des prestations, une approche uniforme assure une qualité constante, réduit les erreurs et limite les reprises. Cette cohérence renforce la performance opérationnelle, la satisfaction client et la stabilité à long terme de l'organisation.

4. Opportunités de Marché Accrues

La certification ISO 9001 est reconnue dans le monde entier et souvent exigée par les clients, les fournisseurs ou les autorités réglementaires. Elle témoigne d'un engagement fort envers la qualité et la conformité, ouvrant ainsi l'accès à de nouveaux marchés, partenariats et opportunités internationales. Dans de nombreux secteurs – tels que la fabrication, la construction ou la logistique – la certification ISO 9001 constitue un critère essentiel de sélection des fournisseurs.

5. Gestion des Risques

L'approche fondée sur la gestion des risques, mise en avant dans la version 2015 d'ISO 9001, permet aux organisations d'identifier, d'évaluer et d'atténuer les risques susceptibles d'affecter la qualité des produits, des services ou des processus. En gérant ces risques de manière proactive, les entreprises renforcent leur résilience, améliorent leur prise de décision et réduisent la probabilité de perturbations coûteuses, assurant ainsi leur durabilité à long terme.

6. Conformité Légale et Réglementaire

ISO 9001 fournit un cadre structuré pour satisfaire aux exigences clients, légales et réglementaires relatives à la qualité. Les organisations qui s'y conforment minimisent les risques de non-conformité, d'amendes ou d'atteinte à leur réputation. La norme encourage également la veille et la mise à jour régulière des exigences applicables.

7. Amélioration Continue

L'amélioration continue constitue l'un des principes fondamentaux d'ISO 9001. La norme invite les organisations à évaluer leurs processus, à mesurer leurs performances et à mettre en œuvre des actions correctives pour accroître leur efficacité au fil du temps. Cette approche favorise l'innovation, l'agilité opérationnelle et l'adaptabilité face à l'évolution des besoins du marché.

8. Engagement du Personnel

ISO 9001 promeut la participation active des employés à tous les niveaux de l'organisation. Des collaborateurs engagés sont davantage motivés, proactifs et conscients de leur rôle dans l'atteinte des objectifs qualité. Cet engagement renforce la culture de la qualité, la collaboration interne et la cohésion autour des objectifs de l'entreprise.

9. Prise de Décision Améliorée

ISO 9001 reposes sur la prise de décision fondée sur des preuves. En collectant et en analysant des données pertinentes, les organisations peuvent identifier les tendances, anticiper les problèmes et prendre des décisions éclairées favorisant l'amélioration des performances. Cette approche renforce la transparence, la responsabilité et l'efficacité managériale.

10. Avantage Concurrentiel

La certification ISO 9001 démontre aux clients, partenaires et concurrents qu'une organisation place la qualité au cœur de sa stratégie. Cet engagement constitue un avantage concurrentiel majeur sur les marchés où la fiabilité et la performance sont déterminantes, renforçant ainsi la réputation et la crédibilité de l'entreprise.

Mythes et Idées Reçues sur ISO 9001

Malgré son adoption mondiale, ISO 9001 demeure parfois mal comprise. Voici quelques idées reçues courantes susceptibles d'en limiter la bonne application :

1. **ISO 9001 est réservée aux grandes entreprises**

   La norme a été conçue pour s'adapter à toutes les tailles et à tous les secteurs d'activité. Les petites et moyennes entreprises (PME) en tirent tout autant d'avantages, notamment en termes d'efficacité et de satisfaction client.

2. **ISO 9001 n'est qu'une question de documentation**

   Si la documentation soutient le système, ISO 9001 met surtout l'accent sur l'optimisation des processus et l'amélioration continue. L'objectif n'est pas de produire des documents excessifs, mais de clarifier, maîtriser et fiabiliser les opérations.

3. **ISO 9001 coûte trop cher à mettre en œuvre**

   Les coûts varient selon la taille et la complexité de l'organisation. Cependant, les économies réalisées à long terme – réduction des gaspillages, baisse des erreurs, meilleure efficience – compensent largement l'investissement initial. La mise en œuvre peut d'ailleurs être progressive, selon les ressources disponibles.

4. **La certification ISO 9001 garantit la qualité absolue**

   La certification atteste de l'existence d'un système de management de la qualité conforme, mais la qualité réelle dépend toujours de la mise en œuvre, du suivi et de l'amélioration continue.

5. **ISO 9001 exige la perfection**

   La norme vise l'amélioration progressive, non la perfection immédiate. Elle encourage une culture d'apprentissage et d'évolution permanente, plutôt qu'une recherche de conformité rigide.

6. **ISO 9001 concerne uniquement le secteur industriel**

   Bien que très présente dans l'industrie, la norme s'applique à tous les domaines : services, santé, technologies de l'information, éducation, finance ou administration publique. Toute organisation cherchant à améliorer son efficacité et la satisfaction de ses clients peut en bénéficier.

Les Avantages d'ISO 9001 selon les Secteurs d'Activité

ISO 9001 s'adapte à une grande variété de secteurs, offrant à chacun des bénéfices spécifiques :

1. Industrie Manufacturière

- **Efficience des Processus :** rationalise la production, réduit les gaspillages et optimise l'utilisation des ressources.
- **Qualité Constante :** des processus maîtrisés garantissent des produits conformes et homogènes.
- **Relations Fournisseurs :** la conformité à ISO 9001 renforce la crédibilité et la fiabilité au sein de la chaîne d'approvisionnement.

2. Secteur de la Santé

- **Amélioration des Soins :** la standardisation des procédures favorise la sécurité et la qualité des soins aux patients.

- **Conformité Réglementaire :** la norme aide à respecter les exigences légales et les standards d'accréditation.
- **Optimisation des Coûts :** la gestion efficace des ressources améliore la rentabilité sans compromettre la qualité des services.

3. Technologies de l'Information et Développement Logiciel

- **Gestion Standardisée des Projets :** favorise la planification, le développement et les tests selon des processus définis.
- **Satisfaction Client Accrue :** une meilleure maîtrise de la qualité logicielle conduit à des produits plus fiables.
- **Gestion des Risques :** l'approche fondée sur le risque permet d'anticiper et de prévenir les défaillances de projet.

4. Secteurs des Services (Hôtellerie, Finance, etc.)

- **Homogénéité des Prestations :** garantit une qualité de service uniforme sur l'ensemble des sites ou agences.
- **Fidélisation Client :** l'écoute et la prise en compte systématique des retours clients renforcent la satisfaction et la loyauté.
- **Efficacité Opérationnelle :** des processus optimisés permettent un service plus rapide et plus précis.

5. Éducation et Formation

- **Uniformisation des Programmes :** assure la cohérence des contenus, méthodes pédagogiques et évaluations.
- **Satisfaction des Étudiants :** aligne l'offre de formation sur les attentes et besoins des apprenants.
- **Crédibilité et Reconnaissance :** la certification ISO 9001 valorise l'engagement qualité et renforce la réputation des établissements.

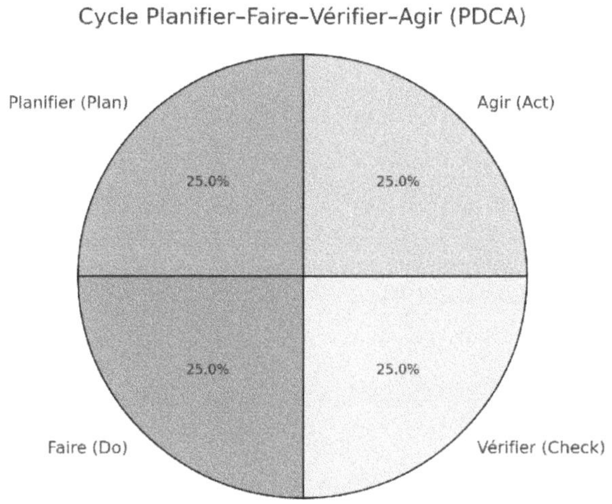

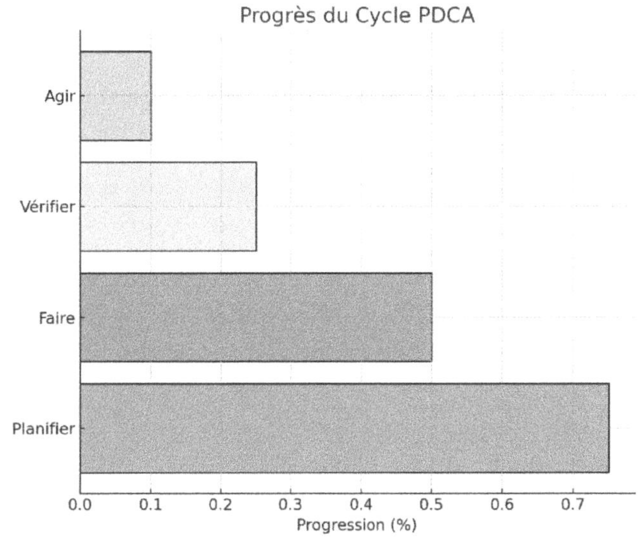

Comprendre le Cycle Planifier – Faire – Vérifier – Agir (PDCA)

Le cycle **Planifier–Faire–Vérifier–Agir (PDCA)** constitue un concept fondamental de la norme **ISO 9001** et du principe d'**amélioration continue**. Il offre une approche structurée pour résoudre les problèmes, améliorer les processus et renforcer la performance organisationnelle. Voici les quatre étapes clés du cycle :

1. Planifier (Plan)

- **Définir les objectifs :** Identifier ce qui doit être amélioré et fixer des objectifs mesurables. Cela peut concerner la qualité des produits, le service client ou l'efficacité des processus.
- **Identifier les processus concernés :** Déterminer les processus nécessaires pour atteindre ces objectifs et planifier les actions d'amélioration à mettre en œuvre.

2. Faire (Do)

- **Mettre en œuvre le plan :** Appliquer les changements prévus. Cela peut impliquer la modification de procédures, la formation du personnel ou l'introduction de nouvelles technologies.
- **Phase pilote :** À ce stade, les changements sont généralement testés à petite échelle afin d'évaluer leur efficacité avant un déploiement complet.

3. Vérifier (Check)

- **Surveiller et mesurer :** Évaluer les résultats des changements mis en place durant la phase « Faire ». Utiliser les données et les retours d'expérience pour vérifier si les actions produisent les effets attendus et atteignent les objectifs fixés.
- **Analyser :** Comparer les résultats obtenus aux objectifs initiaux et identifier les écarts, problèmes ou opportunités d'amélioration.

4. Agir (Acte)

- **Standardiser les améliorations :** Si les changements se révèlent efficaces, les déployer à plus grande échelle et les intégrer dans les processus standards afin d'assurer leur pérennité.
- **Ajuster et recommencer :** Si les résultats ne sont pas conformes aux attentes, ajuster le plan et relancer le cycle.
  Ce processus cyclique garantit une **amélioration continue**, en favorisant l'apprentissage, l'adaptabilité et l'efficacité durable des systèmes de management de la qualité.

Étude de Cas : Comment la norme ISO 9001 a permis à une petite entreprise de se développer à l'international

Contexte :

Une petite entreprise de fabrication basée en Europe rencontrait des difficultés à répondre à la demande croissante pour ses produits.

Malgré un succès local solide, ses opérations manquaient d'efficacité et de standardisation — deux éléments essentiels pour une expansion internationale.

Solution :

L'entreprise a décidé de mettre en œuvre la norme **ISO 9001** afin d'optimiser ses processus de production, d'améliorer la cohérence de ses produits et de se conformer aux normes internationales de qualité.

Elle a concentré ses efforts sur l'amélioration des relations avec les fournisseurs, la rationalisation de ses processus internes et l'alignement de ses activités sur les attentes des clients.

Résultats :

- **Efficacité accrue :** Grâce à l'adoption de la norme ISO 9001, l'entreprise a réduit le gaspillage et amélioré ses délais de production, ce qui lui a permis de gérer des volumes plus importants.
- **Confiance renforcée des clients :** Les clients internationaux ont gagné en confiance dans la capacité de l'entreprise à fournir des produits de haute qualité, entraînant une augmentation du nombre de contrats.
- **Expansion mondiale :** La certification ISO 9001 a ouvert l'accès à de nouveaux marchés internationaux et permis à l'entreprise d'étendre significativement sa présence à l'étranger.

Comment utiliser ce livre

Ce livre a été conçu à la fois comme un **guide complet** et un **outil pratique** pour la mise en œuvre de la norme ISO 9001. Voici comment en tirer le meilleur parti :

1. Lisez les chapitres d'introduction

Commencez par les premiers chapitres pour comprendre les concepts fondamentaux de la norme ISO 9001, son historique et son importance pour les organisations de toute taille.

Cette lecture vous donnera une base solide avant d'aborder les chapitres plus techniques.

2. Suivez les étapes de mise en œuvre

Dans les sections consacrées à l'implémentation, suivez les démarches structurées proposées pour créer un **Système de Management de la Qualité (SMQ)** et satisfaire aux exigences de la norme ISO 9001.

Chaque chapitre décompose le processus en **étapes concrètes et réalisables**.

3. Utilisez les études de cas comme référence

Tout au long du livre, les études de cas illustrent comment différentes organisations ont mis en œuvre avec succès la norme ISO 9001.

Elles offrent des **exemples concrets** des défis rencontrés et des bénéfices obtenus, apportant ainsi des **enseignements pratiques** pour votre propre démarche.

4. Mettez en pratique les outils et modèles fournis

De nombreux chapitres incluent des **outils, modèles et listes de vérification** pour évaluer et améliorer votre SMQ.

Servez-vous de ces ressources comme **guide opérationnel** dans vos actions quotidiennes.

5. Adoptez une approche d'amélioration continue

Ce livre promeut une **culture d'amélioration continue**. À mesure que vous déployez la norme ISO 9001 dans votre organisation, revenez régulièrement aux chapitres consacrés à la **surveillance, la mesure et l'amélioration** pour garantir la performance durable de votre système.

Conclusion :

Adopter une approche d'amélioration continue est essentiel pour le succès à long terme. En revenant régulièrement aux chapitres sur la surveillance, la mesure et l'amélioration, vous garantissez la performance durable de votre système ISO 90

CHAPITRE 2

Bonnes pratiques pour la mise en œuvre de la norme ISO 9001

Mettre en œuvre la norme **ISO 9001** avec succès ne se résume pas à suivre les étapes décrites dans la norme ; cela requiert une approche stratégique et systématique intégrant la gestion de la qualité à la culture organisationnelle.
Ce chapitre présente en détail les **facteurs clés de succès** pour une mise en œuvre efficace de la norme ISO 9001.

Facteurs clés de succès dans la mise en œuvre de la norme ISO 9001

1. Engagement de la direction et implication du personnel

La réussite de la mise en œuvre de la norme ISO 9001 repose largement sur l'engagement de la direction et la participation active des employés. Ces deux éléments garantissent que les principes de la norme ne soient pas perçus comme une simple exigence de conformité, mais bien comme une composante intégrée de la culture de l'organisation.

Engagement de la direction

La direction joue un rôle déterminant dans l'orientation de l'organisation vers la réussite de la certification ISO 9001.

L'implication active de la direction est essentielle : son engagement assure la **vision**, les **ressources** et la **motivation** nécessaires à une mise en œuvre efficace. Voici les principales façons dont la direction peut soutenir la démarche :

Action	Description

Définir la vision	Les dirigeants doivent établir une vision claire et communiquer les avantages stratégiques de la mise en œuvre d'un SMQ à l'ensemble de l'organisation. Les objectifs du SMQ doivent être cohérents avec la stratégie globale de l'entreprise.
Allouer les ressources	Une direction engagée veille à fournir les ressources adéquates – humaines, financières et matérielles – pour soutenir la mise en œuvre du SMQ. Sans budget, formation et personnel suffisants, il devient difficile de satisfaire aux exigences de la norme ISO 9001.
Montrer l'exemple	Les dirigeants doivent incarner les principes du management de la qualité et veiller à ce que la qualité soit une priorité à tous les niveaux.
Favoriser l'amélioration continue	Ils doivent instaurer un climat propice à l'amélioration continue, en soutenant les changements nécessaires, même s'ils impliquent des défis initiaux. Cet Appius motive l'ensemble du personnel à progresser.
Clarifier les responsabilités décisionnelles	Une direction efficace s'assure que les rôles décisionnels sont clairement définis et que les décisions reposent sur des données factuelles, conformément au principe de la prise de décision fondée sur des preuves établi par ISO 9001.

Implication du personnel

L'implication du personnel à tous les niveaux permet de faire de la qualité une valeur partagée et non une directive imposée d'en haut. L'engagement des employés favorise un **sentiment d'appartenance** et de **responsabilité** vis-à-vis du système de management de la qualité.

Voici comment renforcer cette implication :

- **Formation et sensibilisation :** Tous les employés doivent être formés aux exigences de la norme ISO 9001 et comprendre comment leurs activités contribuent au fonctionnement du SMQ. Cette compréhension crée un lien direct entre leurs tâches quotidiennes et les objectifs globaux de l'organisation.

- **Participation à la prise de décision :** Les employés doivent être associés à l'identification des problèmes et à la recherche de solutions. Leur implication encourage une culture d'amélioration continue à la base de l'organisation.
- **Reconnaissance et motivation :** Valoriser et récompenser les contributions des employés en matière d'amélioration des processus, de qualité ou de satisfaction client renforce leur engagement et alimente une culture positive de la qualité.

2. Pensée fondée sur le risque et approche processus

La version **ISO 9001:2015** a introduit la **pensée fondée sur le risque (Risk-Based Thinking – RBT)**, qui met l'accent sur l'identification, l'évaluation et la maîtrise des risques afin d'assurer la maîtrise et la résilience des processus.

L'**approche processus**, autre principe fondamental de la norme, consiste à comprendre, gérer et améliorer les processus interconnectés de l'organisation.

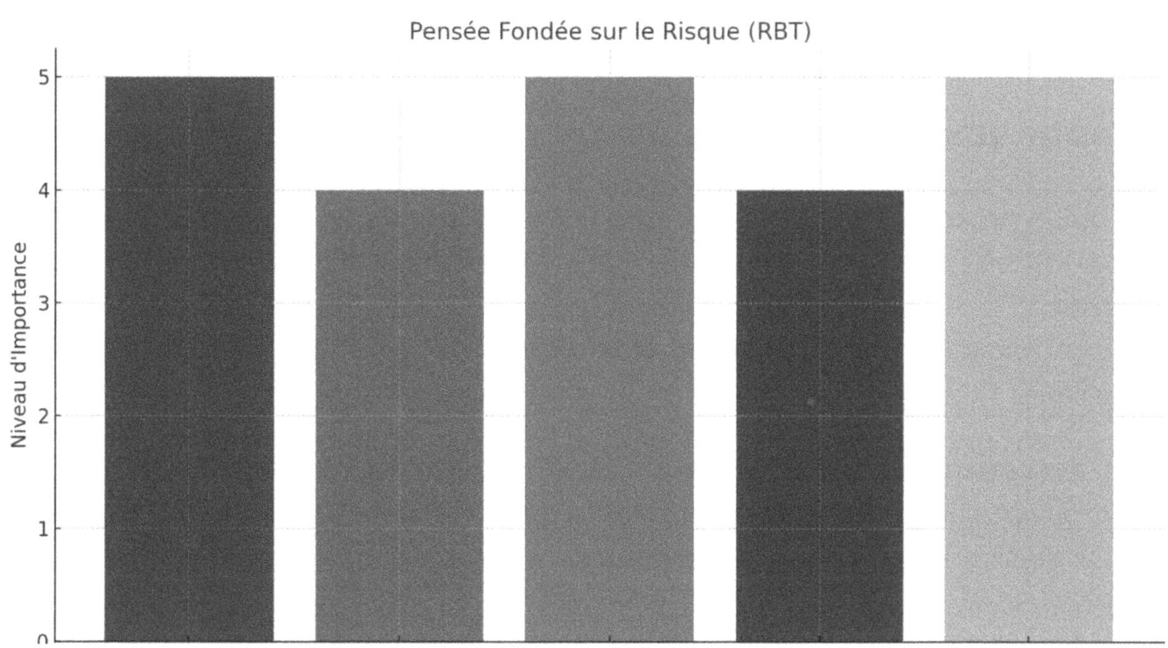

Pensée fondée sur le risque (RBT)

La pensée fondée sur le risque aide les organisations à anticiper les problèmes potentiels et à mettre en place des actions préventives avant qu'ils ne surviennent. Elle encourage l'analyse proactive des risques susceptibles d'affecter l'atteinte des **objectifs qualité**, qu'ils concernent la production, la satisfaction client ou l'efficacité opérationnelle.

- **Identification des risques :** Les organisations doivent repérer les risques susceptibles d'impacter le SMQ, tels que les ruptures d'approvisionnement, les défaillances d'équipement, les changements réglementaires ou l'évolution des attentes clients. Cette identification peut s'appuyer sur une **analyse SWOT** (forces, faiblesses, opportunités, menaces), des évaluations de risques et des audits internes.
- **Évaluation des risques :** Les risques identifiés doivent être évalués selon leur probabilité et leur impact sur le SMQ. Cette étape permet de hiérarchiser les actions et de concentrer les efforts sur les risques les plus critiques.
- **Maîtrise des risques :** Après évaluation, des stratégies doivent être mises en œuvre pour réduire ou gérer les risques, telles que la révision des processus, l'investissement dans de nouvelles technologies, le renforcement des formations ou l'amélioration des relations fournisseurs.
- **Surveillance des risques :** La surveillance continue et la réévaluation périodique des risques garantissent une gestion proactive et adaptée aux évolutions internes ou externes.

Approche processus

L'approche processus consiste à gérer les activités de l'organisation comme un système interconnecté de processus visant à produire des résultats cohérents et conformes.
Chaque processus doit être planifié, suivi et maîtrisé pour garantir la conformité et l'efficacité.

- **Cartographier les processus :** Identifier et représenter visuellement les processus clés de l'organisation – de la conception à la livraison. Cette cartographie permet de comprendre les interactions et les dépendances entre processus.

- **Désigner des responsables de processus :** Attribuer un responsable à chaque processus clé. Celui-ci veille à la bonne exécution des activités et à la mise en œuvre d'actions correctives si nécessaire.
- **Définir les intrants et extrants :** Déterminer clairement les **entrées, activités et résultats attendus** de chaque processus afin d'assurer leur cohérence et leur efficacité.
- **Mesurer et suivre les performances :** Utiliser des **indicateurs clés de performance (KPI)** pour évaluer l'efficacité et l'efficience des processus. Cette approche fondée sur les données aide à repérer les opportunités d'amélioration.
- **Amélioration et optimisation :** Les processus doivent être régulièrement évalués et optimisés sur la base des résultats obtenus. Les audits internes et revues périodiques permettent d'identifier les gaspillages et d'améliorer la performance globale.

3. Politique qualité et objectifs qualité efficace

La mise en place d'une **politique qualité** claire et d'**objectifs qualité mesurables** constitue un pilier essentiel d'un SMQ performant. Ces éléments traduisent l'engagement de l'organisation envers la qualité et l'amélioration continue.

Politique qualité

La politique qualité est une déclaration d'intention de haut niveau qui exprime l'engagement de l'organisation en matière de qualité, de satisfaction client et d'amélioration continue.

Elle constitue le cadre de référence du SMQ et doit être **alignée sur la stratégie globale de l'entreprise**.

Une politique qualité efficace se caractérise par :

- **Clarté et concision :** La politique doit être simple, compréhensible et significative pour l'ensemble du personnel.
- **Alignement stratégique :** Elle doit refléter les orientations et objectifs stratégiques de l'entreprise et guider les actions des employés dans la même direction.
- **Orientation client :** La politique doit mettre en avant l'importance de la satisfaction des clients et l'engagement à répondre à leurs exigences.

- **Engagement envers l'amélioration continue :** Elle doit réaffirmer la volonté de l'organisation d'améliorer constamment ses processus, produits et services.
- **Révision périodique :** La direction doit examiner régulièrement la politique qualité afin de s'assurer qu'elle demeure pertinente et efficace face aux évolutions internes et externes.

Objectifs qualité

Une fois la **politique qualité** établie, il est nécessaire de définir des **objectifs qualité**.
Ces objectifs sont des buts **spécifiques, mesurables et limités dans le temps**, destinés à aider l'organisation à atteindre les engagements énoncés dans sa politique qualité.
Les objectifs qualité fournissent une **orientation claire pour l'amélioration** et servent de **référence pour l'évaluation des performances**.

- **Objectifs SMART :** Les objectifs qualité doivent être **SMART** — Spécifiques, Mesurables, Atteignables, Réalistes et Temporels. Cette méthode garantit que les objectifs soient clairs, centrés et réalisables dans un délai défini.
- **Alignement sur les objectifs stratégiques :** Les objectifs qualité doivent être cohérents avec les objectifs stratégiques globaux de l'organisation, tels que l'amélioration de la satisfaction client, la réduction des défauts produits ou l'optimisation de l'efficacité de production.
- **Mesurabilité :** Chaque objectif doit comporter un indicateur de performance précis permettant de mesurer les progrès réalisés.

  Exemples : réduire les défauts produits de 5 % au cours des douze prochains mois, ou améliorer la ponctualité des livraISOns de 10 %.

- **Communication auprès du personnel :** Tous les employés doivent être informés des objectifs qualité, car ils contribuent directement à leur atteinte. Les impliquer dans la définition et la compréhension de ces objectifs favorise leur **adhésion** et leur **motivation**.
- **Révision et ajustement :** Les objectifs qualité doivent être régulièrement réévalués afin de suivre les progrès. Si les résultats ne sont pas atteints, des **actions correctives** doivent être mises en œuvre pour ajuster l'approche et atteindre les résultats souhaités.

Conclusion

La mise en œuvre réussie de la norme **ISO 9001** repose sur une **approche globale** intégrant l'engagement de la direction, l'implication du personnel, la gestion des risques ainsi que l'élaboration d'une politique et d'objectifs qualité efficaces. En se concentrant sur ces **facteurs clés de succès**, les organisations peuvent développer un **Système de management de la qualité (SMQ)** solide, conforme à la norme ISO 9001 et porteur de **résultats durables**.

Ces bonnes pratiques favorisent l'instauration d'une **culture d'amélioration continue**, renforcent la **satisfaction client**, et stimulent **l'innovation** et **l'efficacité organisationnelle**.

Leçons tirées de la mise en œuvre réussie de la norme ISO 9001

La mise en œuvre réussie de la norme **ISO 9001** offre des enseignements précieux et des perspectives que les organisations peuvent utiliser pour **optimiser leurs processus**, **améliorer la satisfaction client** et atteindre **l'excellence opérationnelle**.
Les deux études de cas ci-dessous illustrent comment des entreprises de secteurs différents ont su tirer parti de la norme ISO 9001 pour stimuler leurs performances et renforcer leur compétitivité.

Étude de cas 1 : Secteur manufacturier – Rationalisation de la production

Aperçu :

Une entreprise manufacturière de taille moyenne, spécialisée dans la production de pièces automobiles, a décidé de mettre en œuvre la norme **ISO 9001:2015** afin d'améliorer ses processus opérationnels, de réduire les gaspillages et de répondre plus efficacement aux exigences de ses clients.

Avant la mise en œuvre, l'entreprise faisait face à des **retards fréquents de production**, à un **taux élevé de défauts** et à un **manque de communication entre les départements**.

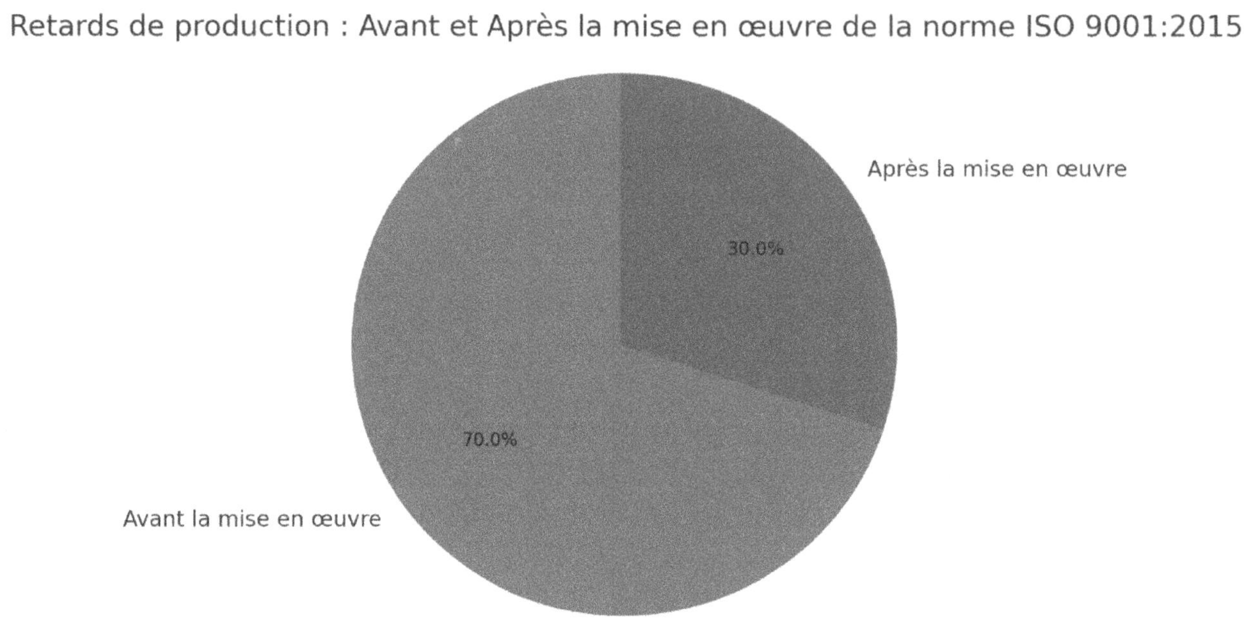

Mesures prises :

1. **Engagement de la direction et implication du personnel :**
   - La direction générale a adopté une approche participative pour communiquer l'importance de la norme ISO 9001.

     Des ateliers et formations ont été organisés pour tous les niveaux hiérarchiques afin de garantir une compréhension commune et une adhésion totale.

   - Les employés ont été activement impliqués dans l'identification des points d'amélioration, notamment dans les processus de production.

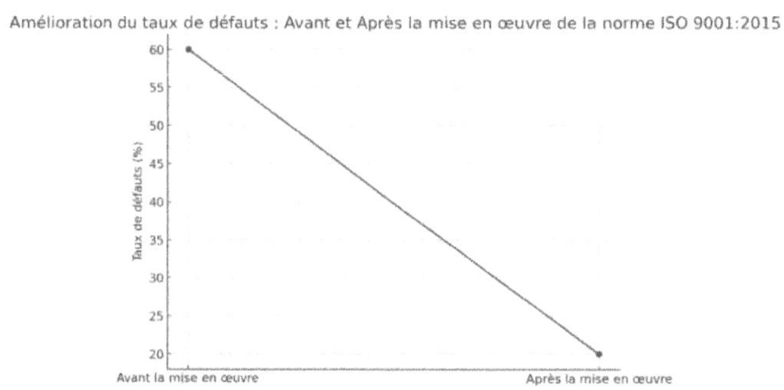

2. **Approche fondée sur les risques :**

- Une analyse approfondie des risques liés aux processus de production a été réalisée.

  L'équipe a identifié les principaux risques tels que les arrêts d'équipement, les retards d'approvisionnement et le manque de cohérence dans le contrôle qualité.

- Des stratégies d'atténuation ont été mises en place : maintenance planifiée des équipements, diversification des fournisseurs et renforcement des contrôles qualité.

3. **Cartographie et optimisation des processus :**
   - L'entreprise a cartographié l'ensemble de ses processus, de l'approvisionnement en matières premières jusqu'à la livraISOn finale.
   - Les inefficacités identifiées (étapes redondantes, saisies manuelles, absence de standardisation) ont été éliminées.
   - Des responsables de processus ont été désignés pour assurer le suivi et l'amélioration continue de chaque étape.
4. **Objectifs qualité et amélioration continue :**
   - Des objectifs qualité claire ont été définis :

     réduction des défauts produits de 10 %, amélioration du respect des délais de livraISOn de 15 % et réduction du temps de cycle de 20 %.

   - Les progrès ont été mesurés à travers des audits réguliers et des revues de performance, permettant des ajustements rapides et des améliorations continues.

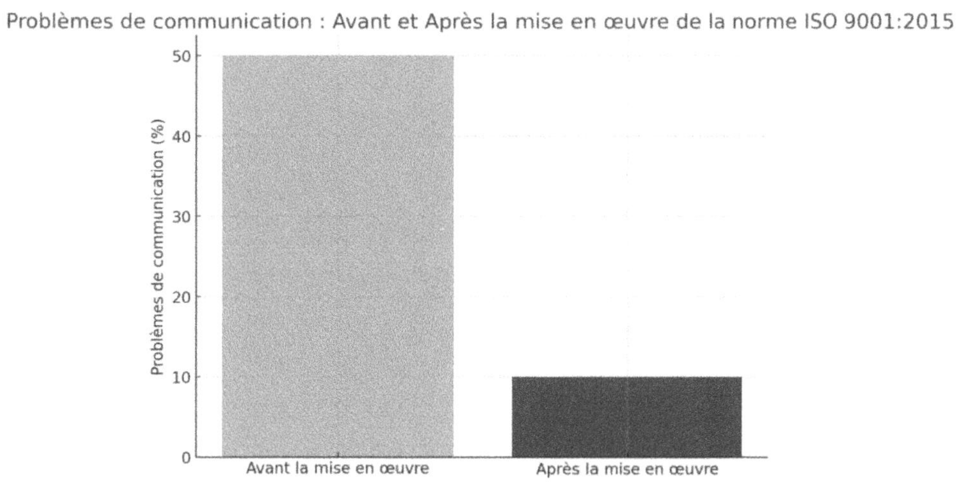

Résultats :

- **Réduction des défauts produits :** le taux de non-conformité a diminué de 12 % au cours des six premiers mois, grâce à un meilleur contrôle qualité et à des actions préventives.
- **Production rationalisée :** les délais de production ont été réduits de 18 %, tandis que la productivité globale a augmenté de 22 %.
- **Satisfaction client accrue :** la qualité plus constante et les livraisons plus rapides ont renforcé la satisfaction et la fidélité des clients, entraînant de nouveaux contrats.

Étude de cas 2 : Secteur des services – Amélioration de l'expérience client

Aperçu :

Un prestataire national de services dans le secteur des télécommunications a adopté la norme **ISO 9001** pour améliorer ses opérations de service à la clientèle. Avant la mise en œuvre, l'entreprise faisait face à des **temps de réponse longs**, à une **qualité de service inconstante** et à des **retours clients négatifs**, entraînant une perte de clientèle et une baisse de la fidélité à la marque.

Mesures prises :

1. **Engagement de la direction et mobilisation du personnel :**
    - La direction a souligné l'importance de la satisfaction client et fixé un objectif stratégique centré sur l'amélioration de l'expérience client.
    - Une formation ciblée a été dispensée aux collaborateurs en contact direct avec les clients (agents de centres d'appel, techniciens, etc.), axée sur la cohérence du service et la communication.
2. **Approche par processus :**
    - Une analyse complète du processus de service client a été menée, de la demande initiale jusqu'à la résolution du problème.
    - Les goulets d'étranglement, notamment les retards dans le transfert des requêtes entre services, ont été identifiés.
    - Les efforts d'optimisation ont porté sur la **standardisation des procédures**, la **réduction des transferts internes** et l'**amélioration de la communication interservices**.

3. **Pensée fondée sur les risques :**
   - Les risques liés à l'insatisfaction client (délais excessifs, problèmes non résolus, manque de suivi) ont été identifiés et traités.
   - L'entreprise a mis en place un **système de gestion de la relation client (CRM)** pour assurer un suivi en temps réel et une réponse rapide aux réclamations.
4. **Objectifs orientés client et indicateurs de performance (KPI) :**
   - Des indicateurs clés de performance ont été définis : taux de résolution au premier contact, délai moyen de réponse et indice de satisfaction client.
   - Un **dispositif de retour d'expérience** a été instauré à travers des enquêtes et entretiens clients, permettant un ajustement continu des processus.

Résultats :

Aspect	Détail
Amélioration des temps de réponse	Délai moyen de réponse diminué de 25 %, taux de résolution au premier contact augmenté de 30 %.
Hausse de la satisfaction client	Scores de satisfaction augmentés de 15 %, réduction du taux de résiliation.
Efficacité opérationnelle	Intégration du CRM a permis une résolution plus rapide des problèmes et une baisse des escalades.

Principales leçons tirées des deux études de cas

1. **Engagement de la direction :**

   L'implication active de la direction, la définition d'objectifs clairs et la mise à disposition des ressources nécessaires sont des conditions essentielles à la réussite de la mise en œuvre d'ISO 9001.

2. **Implication du personnel :**

   L'engagement des employés — de l'identification des problèmes à la mise en œuvre des solutions — a été déterminant dans les deux cas.

Leur participation a renforcé la responsabilisation et favorisé l'émergence d'idées innovantes.

3. **Optimisation des processus :**

   La cartographie et l'amélioration continue des processus ont été des leviers centraux.
   Qu'il s'agisse de rationaliser la production ou d'optimiser le service client, la **standardisation** et l'**efficacité opérationnelle** ont conduit à des résultats mesurables.

4. **Orientation client :**

   Dans les deux cas, l'objectif ultime était d'améliorer la satisfaction client — par la qualité des produits ou par la rapidité et la fiabilité du service. Garder le client au cœur du système de management a donné un sens concret aux efforts déployés.

5. **Pensée fondée sur les risques :**

   L'identification et le traitement proactif des risques ont permis aux deux entreprises de renforcer la **résilience de leurs processus** et de réduire les perturbations.

Conclusion

Ces études de cas démontrent que la norme **ISO 9001** constitue un **outil stratégique puissant** pour rationaliser les opérations, améliorer la qualité et accroître la satisfaction client, **quel que soit le secteur d'activité**.

La clé du succès réside dans l'**engagement du leadership**, la **mobilisation du personnel**, l'**optimisation des processus** et une **orientation constante vers le client**.

En appliquant les **bonnes pratiques** et en s'inspirant des **expériences réussies**, les organisations peuvent exploiter pleinement la norme ISO 9001 pour obtenir des **améliorations à court terme** et une **réussite durable à long terme**.

Bonnes pratiques de documentation et de tenue des enregistrements

Une **documentation efficace** et une **tenue rigoureuse des enregistrements** constituent le cœur de toute mise en œuvre réussie de la norme **ISO 9001**. Ces pratiques garantissent que les processus sont **standardisés**, **cohérents** et **traçables**, éléments essentiels pour l'amélioration continue et la conformité aux exigences du référentiel.

Bonnes pratiques :

1. **Système de maîtrise documentaire :**
   - **Référentiel centralisé :**

     Utilisez un système de gestion documentaire numérique centralisé pour stocker l'ensemble des documents liés à ISO (politiques, procédures, instructions de travail, etc.).

     Cela facilite le suivi des révisions et assure que le personnel accède toujours aux versions les plus récentes.

   - **Gestion des versions :**

     Conservez un historique clair des versions et des modifications afin d'assurer la traçabilité de l'évolution des documents.

   - **Processus d'approbation :**

     Définissez un processus formel de révision et d'approbation avant la diffusion de tout document.

     Ce processus devrait impliquer des experts métiers ou le responsable qualité.

2. **Documentation claire et concise :**
   - Les documents doivent être simples, précis et faciles à comprendre. Évitez le jargon inutile et privilégiez la clarté pour favoriser l'application homogène des procédures dans toute l'organisation.

   - Les **procédures opérationnelles normalisées (SOP)** doivent être détaillées sans être excessives. Elles doivent se concentrer sur le « comment faire » de chaque processus.
3. **Conservation des enregistrements :**
   - **Durée de conservation :**

     Établissez et communiquez une politique de conservation des enregistrements conforme aux exigences légales et sectorielles. Conservez notamment les rapports d'audit, plaintes, inspections, formations et actions correctives pendant une période définie (par exemple, cinq ans).

   - **Accessibilité et sécurité :**

     Les enregistrements doivent être facilement accessibles pour les audits ou inspections, tout en étant protégés afin d'assurer l'intégrité et la confidentialité des données.

4. **Formation du personnel :**
   - Formez le personnel aux bonnes pratiques de documentation et à l'importance de l'exactitude des informations.

     Les employés doivent comprendre que la documentation contribue directement à la conformité ISO et à l'amélioration continue des processus.

Comment aligner la norme ISO 9001 sur la stratégie d'entreprise

Aligner la **norme ISO 9001** avec la **stratégie globale de l'entreprise** garantit que le système de management de la qualité (SMQ) soutient directement les objectifs organisationnels.
Plutôt que d'être un cadre Isolé, le SMQ doit être **intégré aux processus métiers essentiels** pour générer une valeur durable.

Étapes pour assurer l'alignement :

1. **Comprendre les objectifs stratégiques de l'entreprise :**

Commencez par identifier les priorités de l'organisation : satisfaction client, part de marché, innovation, efficacité opérationnelle, etc.

Ces objectifs orienteront la mise en œuvre d'ISO 9001 de manière à ce qu'elle soutienne concrètement la stratégie globale.

2. **Définir des objectifs qualité claire :**

   Développez des objectifs **SMART** (Spécifiques, Mesurables, Atteignables, Réalistes, Temporels) directement liés aux buts de l'entreprise. Par exemple, si la stratégie vise à améliorer la satisfaction client, un objectif qualité pertinente pourrait être de **réduire les réclamations clients de 20 % en un an**.

3. **Intégrer les principes d'ISO 9001 dans les opérations quotidiennes :** Appliquez les principes fondamentaux de la norme (orientation client, leadership, amélioration continue) dans la prise de décision et les pratiques quotidiennes.
   Encouragez les équipes à fournir des produits et services de qualité tout en recherchant constamment des pistes d'amélioration.
4. **Intégrer la gestion des risques :**

   La norme ISO 9001 repose sur la **pensée fondée sur les risques**. Harmonisez vos pratiques de gestion des risques avec votre SMQ afin d'anticiper et de réduire les menaces susceptibles d'affecter les objectifs (pannes d'équipement, ruptures d'approvisionnement, défauts produits, etc.).

5. **Suivre et évaluer la performance :**

   Surveillez régulièrement les performances du SMQ et vérifiez que les processus ISO apportent une réelle valeur ajoutée en lien avec les objectifs de l'entreprise.
   Les écarts observés doivent conduire à des actions correctives et à un ajustement continu.

6. **Implication de la direction :**

   L'implication active de la direction est essentielle.

Le top management doit non seulement soutenir la mise en œuvre initiale, mais aussi **piloter activement l'intégration du SMQ** tout au long de son cycle de vie.

Entretien avec un expert – Témoignage d'un responsable qualité sur l'adoption d'ISO 9001

Un entretien avec un **responsable qualité expérimentée** permet de mieux comprendre les aspects pratiques de l'adoption de la norme ISO 9001 : les défis initiaux, l'engagement du personnel et les clés de la pérennité du système.

Principaux enseignements de l'entretien :

1. **Les défis initiaux de la mise en œuvre :**
   - **Résistance au changement :**

     L'un des obstacles majeurs réside dans la résistance du personnel, souvent perçue comme une charge supplémentaire.

     Le responsable qualité souligne l'importance d'une communication transparente sur les **bénéfices à long terme** de la certification (qualité accrue, satisfaction client, performance).

   - **Besoins en formation :**

     Des programmes de sensibilisation et de formation sont indispensables. Les employés doivent comprendre comment le SMQ s'intègre à leurs activités quotidiennes et quelle est leur contribution au système qualité.

2. **Mobilisation de la direction et des employés :**
   - **Engagement du leadership :**

     Une mise en œuvre réussie nécessite une direction pleinement impliquée.
     Les dirigeants doivent montrer l'exemple et démontrer leur engagement envers la qualité par des **actions concrètes**, pas seulement par des discours.

   - **Participation des employés :**

L'implication du personnel dès les premières étapes — via des formations, des réunions de feedback ou des groupes de travail — renforce la compréhension, la motivation et les résultats.

3. **Suivi et amélioration continue :**
   - **Décisions fondées sur les données :**

     Le responsable qualité insiste sur l'importance de s'appuyer sur des **indicateurs clés de performance (KPI)** tels que les taux de défauts, les scores de satisfaction client ou les temps de cycle. Ces données permettent des décisions éclairées et une amélioration ciblée.

   - **Culture d'amélioration continue :**

     ISO 9001 n'est pas une démarche ponctuelle. Il s'agit de cultiver un état d'esprit où chaque collaborateur est encouragé à proposer des améliorations et à suivre leurs résultats.

4. **Maintien de la conformité ISO 9001 :**
   - **Audits internes :**

     Les audits internes réguliers garantissent le bon fonctionnement du SMQ et son alignement continu avec les exigences normatives et les objectifs stratégiques.

   - **Actions correctives et préventives (CAPA) :**

     Identifier les causes profondes des problèmes et éviter leur réapparition est essentiel pour assurer la conformité et la performance durable du système.

5. **Les bénéfices de l'adoption d'ISO 9001 :**
   - **Efficacité opérationnelle :**

     La normalisation des processus réduit les gaspillages et optimise l'utilisation des ressources.

   - **Satisfaction client :**

L'amélioration de la qualité des produits et services entraîne une baisse des défauts et une meilleure expérience client.

- **Réputation et avantage concurrentiel :**

  La certification ISO 9001 renforce la crédibilité de l'entreprise et accroît sa compétitivité sur les marchés nationaux et internationaux.

Conclusion

- **Documentation et enregistrements :**

  Une gestion documentaire claire et structurée constitue la base de la conformité et de l'amélioration continue.

- **Alignement stratégique :**

  L'intégration du SMQ dans la stratégie globale transforme ISO 9001 en levier de performance durable, de satisfaction client et de croissance.

- **Perspectives d'experts :**

  Tirer parti de l'expérience des responsables qualité permet d'anticiper les défis, de renforcer la pérennité du système et d'en maximiser les bénéfices à long terme.

CHAPITRE 3

Études de cas et perspectives pratiques sur les audits internes

Études de cas et perspectives pratiques sur les audits internes

Les **audits internes** constituent un élément essentiel de tout **Système de Management de la Qualité (SMQ)** conforme à la norme **ISO 9001**. Ils permettent aux organisations d'évaluer leur conformité aux processus et procédures définis, de vérifier le respect des exigences de la norme, et d'identifier les domaines nécessitant des améliorations.

La section suivante présente les objectifs des audits internes ainsi que des **études de cas réels** illustrant comment ces audits permettent de détecter des non-conformités et de favoriser l'amélioration continue dans différents secteurs.

Comprendre l'objectif des audits internes

Les audits internes ont pour but d'évaluer **l'efficacité du Système de Management de la Qualité (SMQ)** d'une organisation. Leur finalité est de fournir une évaluation indépendante et objective pour s'assurer que les processus sont appliqués conformément aux exigences, que la conformité est maintenue et que la performance s'améliore.

Objectifs clés des audits internes :

1. **Assurer la conformité à la norme ISO 9001 :**

   Les audits internes permettent de vérifier que les pratiques de l'organisation sont alignées sur la norme ISO 9001:2015, garantissant ainsi le maintien de la certification.

2. **Identifier les écarts et non-conformités :**

Les audits révèlent les domaines où les processus ne fonctionnent pas comme prévu, permettant ainsi à l'organisation de prendre des actions correctives avant que les problèmes ne deviennent critiques.

3. **Évaluer l'efficacité et l'efficience :**

   Ils examinent si les processus sont exécutés de manière efficace et s'ils atteignent les objectifs de performance fixés, contribuant ainsi à l'amélioration continue.

4. **Gérer les risques :**

   Les audits permettent d'identifier les zones à risque, telles que les goulets d'étranglement ou les faiblesses dans les processus, et de proposer des mesures d'atténuation.

5. **Améliorer les processus :**

   En analysant la documentation et en observant les opérations, les audits internes fournissent des recommandations concrètes pour renforcer les processus existants.

Études de cas réelles d'audits internes

Étude de cas 1 : Identification des écarts de conformité dans un établissement de santé

Aperçu :

Un grand réseau hospitalier a adopté la norme ISO 9001 afin de standardiser les pratiques de soins, d'améliorer l'efficacité opérationnelle et d'accroître la satisfaction des patients. L'équipe d'audit interne a été chargée d'évaluer la conformité du système et d'identifier les écarts potentiels.

Objectifs de l'audit :

Objectif	Détail
Évaluation de la conformité aux exigences ISO 9001	Vérification des processus cliniques et administratifs.

Vérification de la conformité aux exigences réglementaires	Conformité des services de santé aux exigences légales.
Identification des opportunités d'amélioration	Gestion des soins aux patients, facturation et gestion des stocks.

Étapes de l'audit interne :

1. **Revue documentaire :**
   - Les auditeurs ont commencé par examiner les politiques, procédures et enregistrements (protocoles de soins, retours patients, dossiers de formation du personnel).
   - L'objectif était de vérifier que la documentation était à jour, accessible et conforme aux pratiques réelles de l'établissement.
2. **Entretiens avec les parties prenantes clés :**
   - Des entretiens ont été menés avec différents profils — infirmiers, médecins, administrateurs, responsables qualité — afin de comprendre les pratiques et d'identifier les points à améliorer.
   - Une attention particulière a été accordée à la communication entre les départements cliniques et administratifs.
3. **Observation des processus :**
   - Les auditeurs ont réalisé des « walk throughs » (visites de processus) pour les étapes critiques : admission, traitement, sortie du patient et facturation.
   - Ils ont observé la circulation des informations patient pour s'assurer de leur exactitude et de leur conformité aux exigences réglementaires.
4. **Vérifications de conformité :**
   - Les pratiques ont été comparées aux exigences légales (protection des données de santé, contrôle des infections, etc.).
   - Les auditeurs ont aussi évalué la prise en compte de la satisfaction patient conformément aux principes de la norme ISO 9001.

Constats :

- **Écarts de conformité :** Documentation incomplète des retours patients, formation insuffisante du nouveau personnel sur les procédures ISO, et manque d'intégration entre les processus cliniques et administratifs.

- **Manque d'efficacité :** Des retards dans les procédures de sortie des patients ont été constatés, causés par une communication défaillante entre les services médicaux et la facturation.
- **Risques identifiés :** Des écarts dans l'application des protocoles d'hygiène ont été relevés, créant des risques sanitaires potentiels.

Actions correctives :

- **Révision de la documentation et formation du personnel :** Un programme de formation a été mis en place pour renforcer la compréhension des exigences ISO et des obligations réglementaires.
- **Amélioration de la communication interne :** Mise en œuvre d'un logiciel de gestion hospitalière pour fluidifier la circulation des informations entre les départements et réduire les délais de facturation et de sortie.
- **Renforcement des contrôles d'hygiène :** Audits réguliers et sessions de sensibilisation sur les pratiques de prévention des infections.

Résultats :

Résultat	Détail
Amélioration de la conformité	L'établissement a atteint un niveau de conformité plus élevé vis-à-vis de la norme ISO 9001 et des exigences réglementaires.
Satisfaction accrues des patients	Processus plus fluides, sorties plus rapides, facturation plus précise, renforçant la satisfaction globale des patients.

Étude de cas 2 : Leçons tirées d'une entreprise de commerce électronique

Aperçu :

Une entreprise de commerce électronique opérant à l'échelle internationale a adopté la norme **ISO 9001** afin d'améliorer son processus de traitement des commandes, d'optimiser le service client et d'assurer la qualité de ses produits.

L'équipe d'audit interne avait pour mission d'évaluer le respect des exigences de la norme ISO 9001 et d'identifier les opportunités d'amélioration des processus.

Objectifs de l'audit :

- Évaluer le processus de traitement des commandes, de la réception à la livraisons des produits.
- Vérifier la rapidité et l'efficacité du traitement des réclamations clients.
- Identifier les inefficacités ou non-conformités dans la gestion des stocks, le traitement des commandes et le service client.

Étapes de l'audit interne :

1. **Examen des enregistrements du service client :**
   - Les auditeurs ont commencé par analyser les registres de service client, incluant les réclamations, retours et commentaires des clients.
   - Ils ont évalué la manière dont les réclamations étaient traitées, du signalement à la résolution, ainsi que la prise en compte des retours clients dans les améliorations produits ou procédurales.
2. **Vérification de la gestion des stocks :**
   - Les auditeurs ont examiné les enregistrements d'inventaire afin d'évaluer le suivi et la précision des niveaux de stock.
   - Des contrôles aléatoires ont été effectués pour comparer le stock physique aux données enregistrées.
3. **Observation du processus de traitement des commandes :**
   - Les auditeurs ont observé l'ensemble du processus, depuis la passation de commande jusqu'à l'expédition au client.
   - Ils ont analysé les interactions entre les départements concernés (ventes, entrepôt, logistique) afin d'identifier les points de blocage et les sources d'erreur potentielles.
4. **Contrôles internes et évaluation des risques :**
   - L'équipe d'audit a examiné les contrôles internes destinés à prévenir les erreurs ou fraudes dans le traitement des commandes.
   - Une analyse des risques a également été menée pour identifier les menaces potentielles liées à la gestion des stocks ou à la satisfaction client.

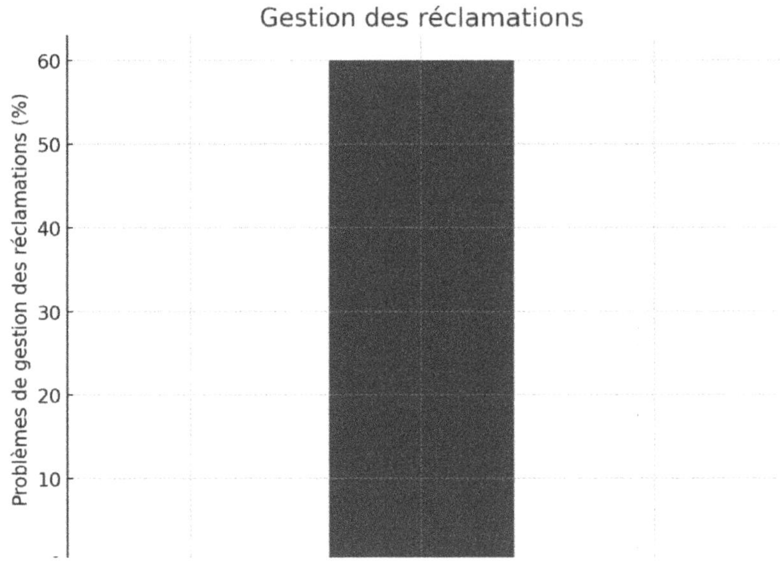

Constats :

- **Inefficacités des processus :** Des retards importants dans le traitement des commandes ont été relevés, dus à la saisie manuelle des mises à jour de stock et à une communication lente entre les services.
- **Gestion des réclamations :** Les plaintes clients étaient souvent résolues sans enregistrement systématique des actions correctives ni suivi pour éviter la récurrence.
- **Inexactitudes d'inventaire :** Des écarts ont été observés entre les stocks physiques et les données enregistrées, provoquant parfois des ruptures ou des surstocks.

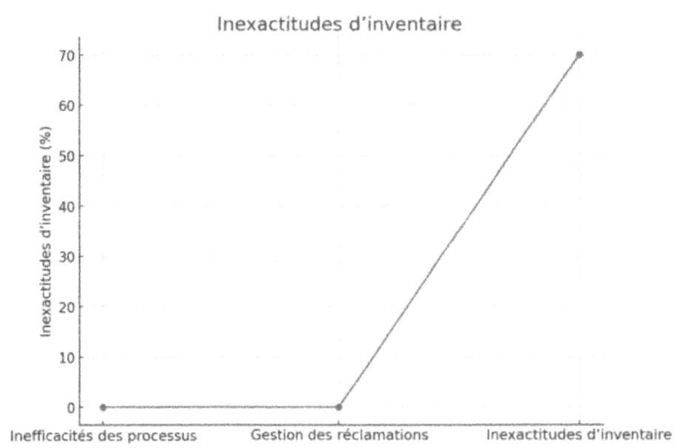

Actions correctives :

- **Automatisation de la gestion des stocks :**

  L'entreprise a mis en place un système automatisé de gestion d'inventaire permettant une mise à jour en temps réel et réduisant les erreurs humaines.

- **Amélioration du traitement des réclamations clients :**

  Un processus formalisé de gestion des plaintes a été introduit, incluant la documentation systématique des résolutions et l'analyse des tendances récurrentes.

- **Renforcement de la communication interservices :**

  De nouveaux protocoles de communication ont été instaurés entre les départements des ventes, de l'entrepôt et de la logistique afin d'accélérer le traitement des commandes.

Résultats :

- **Accélération du traitement des commandes :**

  Le système automatisé a permis de réduire de **25 %** les délais de traitement.

- **Réduction des réclamations clients :**

  Grâce à la formalisation du processus de traitement des plaintes et à la prévention proactive des problèmes récurrents, les réclamations ont diminué de **15 %** au trimestre suivant.

- **Meilleur contrôle des stocks :**

  Le suivi en temps réel a réduit les ruptures et les surstocks, améliorant ainsi la disponibilité des produits.

Principaux enseignements tirés des deux études de cas :

1. **Les audits révèlent des écarts cachés :**

Les audits internes, tant dans le secteur de la santé que dans le commerce électronique, ont permis d'identifier des non-conformités et inefficacités jusque-là méconnues, démontrant l'importance d'audits réguliers.

2. **Les audits internes favorisent l'amélioration continue :**

   Les actions correctives mises en œuvre ont non seulement résolu les problèmes immédiats mais ont également amélioré l'efficacité opérationnelle et la satisfaction client à long terme.

3. **Identification proactive des risques :**

   Les deux cas ont montré que l'audit interne joue un rôle essentiel dans la détection précoce des risques — qu'ils concernent la conformité, la gestion des stocks ou la satisfaction client.

4. **Importance de la communication :**

   Dans les deux exemples, l'amélioration de la communication interservices a été déterminante pour résoudre les problèmes identifiés et renforcer la cohérence des processus.

Conclusion :

Les **audits internes** sont un pilier essentiel pour maintenir et améliorer l'efficacité d'un **SMQ conforme à la norme ISO 9001**.

Les études de cas présentées — dans les secteurs de la santé et du commerce électronique — démontrent la capacité des audits à identifier des faiblesses critiques dans les processus, la gestion de la clientèle et des stocks.

En identifiant les problèmes en amont, les organisations peuvent appliquer des **actions correctives efficaces**, renforcer leurs processus et, à terme, **améliorer la satisfaction client et la performance opérationnelle**.

Non-conformités courantes

1. **Documentation insuffisante**

Problème : Absence de tenue à jour ou d'exactitude des enregistrements, procédures ou instructions de travail.

Exemple : Une organisation omet de mettre à jour ses **procédures opératoires normalisées (SOP)** après des modifications du processus de production.
Solution : Mettre en place un **système de maîtrise documentaire robuste**, garantissant la révision, l'approbation et la mise à jour régulière des documents. Désigner des responsables clairement identifiés pour la gestion documentaire.

2. **Non-conformité aux procédures établies**

   Problème : Les employés ou départements ne respectent pas les procédures ou instructions définies.

   Exemple : Une équipe de contrôle qualité ne suit pas la procédure d'inspection appropriée, entraînant l'expédition de produits défectueux.
   Solution : Organiser des **programmes de formation réguliers** et des audits internes afin de renforcer la conformité aux procédures. Introduire des **listes de vérification (checklists)** et des **systèmes automatisés** pour garantir le respect des exigences.

3. **Mauvaise communication interservices**

   Problème : Manque de coordination et de communication entre départements, nuisant au bon déroulement des processus et à la qualité des résultats.
   Exemple : L'équipe commerciale transmet des données d'inventaire erronées à l'entrepôt, provoquant des ruptures de stock.

   Solution : Mettre en œuvre une **stratégie de communication interfonctionnelle**, incluant des plateformes collaboratives partagées et des réunions d'équipe régulières pour améliorer la circulation de l'information.

4. **Non-respect des exigences clients**

   Problème : Les produits ou services ne répondent pas aux besoins ou attentes spécifiés par le client.

Exemple : Un client reçoit une commande mal emballée ou contenant des articles endommagés.

Solution : S'assurer que les **spécifications clients** soient clairement définies et que les processus soient alignés pour y répondre. Mettre en place des **boucles de rétroaction** afin de traiter les réclamations et d'en tirer des actions d'amélioration.

5. **Absence d'actions correctives et préventives (CAPA)**

   Problème : L'organisation ne met pas en œuvre d'actions correctives après identification d'une non-conformité.

   Exemple : Un défaut de fabrication est constaté, mais aucune action n'est entreprise pour en identifier la cause racine ni pour éviter sa réapparition. **Solution :** Mettre en place un **système CAPA structurer**. Utiliser des outils d'analyse tels que l'**analyse des causes profondes (RCA)** et l'**analyse des modes de défaillance et de leurs effets (AMDE / FMEA)** afin de prévenir la récurrence des problèmes.

Rédaction de rapports d'action corrective efficaces (CAR – Corrective Action Report)

Un **rapport d'action corrective (CAR)** est un document formel utilisé pour consigner les constats d'audit, les actions correctives mises en œuvre et les résultats obtenus.
La rédaction de **CAR clairs et complets** est essentielle pour garantir que les non-conformités soient traitées de manière systématique, suivies jusqu'à leur résolution, et que les actions entreprises soient **appropriées, rapides et efficaces**.

Éléments clés d'un rapport d'action corrective :

1. **Description de la non-conformité :**

   Rédiger une description claire, factuelle et concise de la non-conformité constatée.

2. **Analyse de la cause racine :**

Identifier et documenter les causes profondes du problème afin d'éviter les actions superficielles.

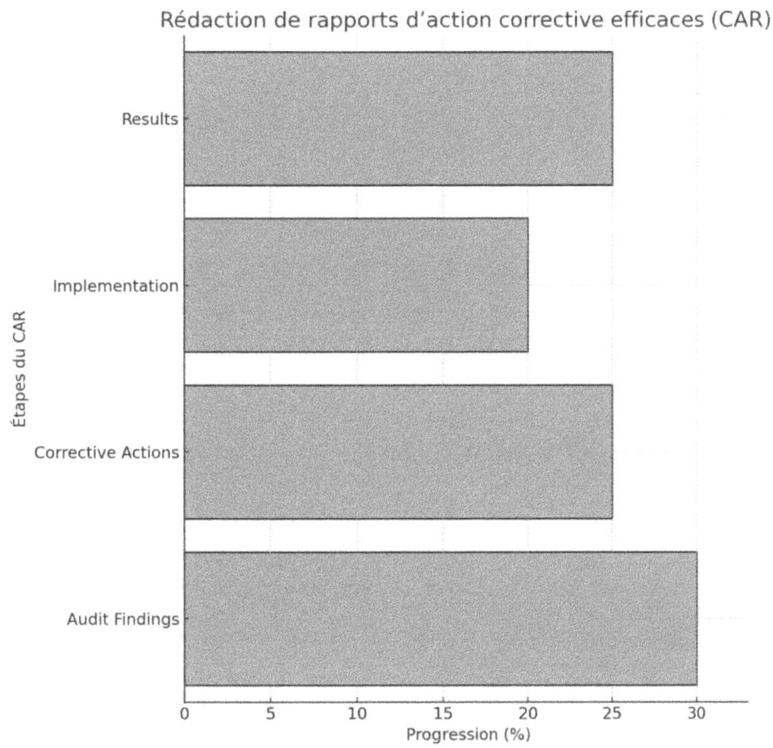

3. **Actions correctives mises en œuvre :**

   Décrire de manière détaillée les mesures prises pour corriger la non-conformité et en prévenir la récurrence.

4. **Vérification de l'efficacité :**

   Indiquer la méthode utilisée pour vérifier l'efficacité des actions correctives (audit de suivi, indicateurs de performance, etc.).

5. **Responsable désigné :**

   Identifier la personne ou l'équipe responsable de la mise en œuvre et du suivi des actions.

6. **Échéancier :**

Définir un délai précis pour la mise en œuvre et la clôture des actions correctives.

Exemple de Rapport d'Action Corrective (CAR – Corrective Action Report)

Section	Détails
Non-conformité	Retard de 48 heures dans le traitement des commandes en raison d'erreurs liées au suivi manuel des stocks.
Cause racine	Absence d'un système de suivi des stocks en temps réel.
Action(s) corrective(s)	Mettre en place un **système automatisé de gestion des stocks**. Former le personnel d'entrepôt à l'utilisation du nouveau système.
Responsable	Responsable d'entrepôt (John Doe)
Échéancier	Achèvement prévu : **30 avril 2025**
Vérification de l'efficacité	Après la mise en œuvre du système, comparer les délais de traitement des 30 prochaines commandes et surveiller la précision des niveaux de stock.
Méthode de vérification	Suivi et documentation des résultats via le **système ERP**.

Modèle tabulaire de Rapport d'Action Corrective (CAR)

Le modèle ci-dessous constitue un exemple de base de rapport d'action corrective.

Il peut être **personnalisé** selon les besoins spécifiques et les exigences documentaires de votre organisation.

Champ	Détails
Date d'audit	[Date de l'audit]
Numéro de non-conformité	[Identifiant unique de la non-conformité]
Description de la non-conformité	[Description détaillée de la non-conformité]
Analyse de la cause racine	[Explication de la ou des causes fondamentales de la non-conformité]

Action(s) corrective(s)	[Mesures prises pour corriger la non-conformité]
Responsable désigné	[Personne ou équipe chargée de la mise en œuvre des actions]
Date d'achèvement prévue	[Date limite de mise en œuvre des actions correctives]
Méthode de vérification	[Méthode utilisée pour vérifier l'efficacité des actions correctives]
Statut d'efficacité	[Résultat après mise en œuvre – par ex. : efficace, inefficace, en cours, etc.]

Étapes pour rédiger un rapport d'action corrective (CAR) efficace

1. **Identifier clairement la non-conformité :**

   Commencez par une description précise du problème, en indiquant **le lieu, le contexte et la nature de l'écart** par rapport à la norme ou à la procédure.

2. **Effectuer une analyse des causes racines :**

   Utilisez des méthodes telles que le **diagramme d'Ishikawa (ou diagramme en arêtes de poisson)**, la **méthode des 5 Pourquoi (5 Whys)** ou l'**AMDE (Analyse des Modes de Défaillance et de leurs Effets – FMEA)** pour identifier les véritables causes.

   Cela évite les solutions superficielles et garantit une résolution durable.

3. **Définir les actions correctives :**

   Les actions doivent être **spécifiques, réalistes et orientées vers la cause racine** de la non-conformité.

   Elles doivent pouvoir être mises en œuvre dans un **délai défini et raisonnable**.

4. **Attribuer les responsabilités :**

Désignez une personne ou une équipe responsable de chaque action corrective.
Cette **responsabilisation** favorise le suivi rigoureux et la résolution rapide des problèmes.

5. **Fixer une échéance :**

   Établissez un calendrier précis pour la mise en œuvre des actions correctives. **Surveillez les progrès** et assurez-vous que les délais soient respectés.

6. **Vérifier l'efficacité :**

   Une fois les actions correctives réalisées, **évaluez leur efficacité** à travers :

   - des **audits de suivi**,
   - le **suivi d'indicateurs de performance**,
   - ou encore des **boucles de rétroaction**.
7. **Documenter et clôturer :**

   Lorsque les actions correctives sont vérifiées et jugées efficaces, **clôturez le CAR** et archivez toutes les informations pertinentes.

   Cette documentation servira de **référence** pour les audits futurs et les actions d'amélioration continue.

Conclusion

L'analyse des résultats d'audit et la mise en œuvre d'actions correctives sont essentielles pour maintenir l'efficacité d'un **Système de Management de la Qualité (SMQ)** conforme à **ISO 9001**.

En traitant les non-conformités courantes par une **analyse systématique des causes racines** et des **rapports d'action corrective détaillés**, l'organisation garantit à la fois la conformité et l'amélioration continue de ses processus.

En appliquant les **meilleures pratiques** et en utilisant les **modèles proposés**, les entreprises s'assurent que les actions correctives sont **approfondies, efficaces et traçables**.

Comment développer une équipe d'audit interne performante

Le développement d'une équipe d'audit interne solide est crucial pour assurer le succès du programme d'audit et la conformité globale de l'organisation à la norme ISO 9001.

Une équipe d'audit **qualifiée, efficace et motivée** permet d'identifier les écarts, d'améliorer les processus et de réduire les risques de manière proactive.

Étapes clés pour développer une équipe d'audit interne performante :

1. **Définir les rôles et responsabilités :**
    - Définissez clairement les rôles et responsabilités de chaque membre de l'équipe afin d'éviter les chevauchements et d'assurer la responsabilité individuelle.
    - **Auditeur principal (Lead Auditor) :** supervise le processus d'audit, veille au respect des exigences ISO 9001 et encadre l'équipe d'audit.
    - **Auditeurs :** réalisent les audits, documentent les constats et proposent des actions correctives.
    - **Coordinateur d'audit :** planifie les audits, tient à jour les enregistrements et assure le suivi des actions post-audit.
2. **Sélectionner des auditeurs qualifiés :**
    - Choisissez des auditeurs possédant une solide connaissance des normes ISO 9001 et une expérience dans les processus ou fonctions audités.
    - Assurez-vous qu'ils maîtrisent les **principes d'audit**, les **techniques d'échantillonnage**, l'**analyse des causes racines** et la **rédaction de rapports**.
3. **Fournir une formation régulière :**
    - La formation continue est essentielle pour maintenir le niveau de compétence des auditeurs face aux évolutions de la norme et aux meilleures pratiques.
    - Intégrez des modules sur les **méthodes d'audit**, les **compétences relationnelles** (communication, écoute active, objectivité) et les **exigences sectorielles spécifiques**.
    - Investissez dans des **certifications ISO 9001** pour renforcer l'expertise de l'équipe.
4. **Favoriser une culture d'équipe collaborative :**

- Encouragez une culture de **coopération et de partage des connaissances**.
- Incitez les auditeurs à fournir des **retours constructifs** et à se concentrer sur **l'amélioration des processus** plutôt que sur la recherche de fautes.

5. **Utiliser la technologie pour améliorer l'efficacité :**
   - Utilisez des **logiciels de gestion d'audit** pour planifier les tâches, suivre les constats et générer des rapports.
   - Recourez à des **outils collaboratifs** (plateformes cloud, systèmes de gestion de projet) pour fluidifier la communication et réduire les inefficacités.
6. **Promouvoir l'objectivité et l'indépendance :**
   - Veillez à ce que les auditeurs restent **indépendants** des départements qu'ils auditent afin de garantir **l'impartialité** et la **crédibilité des constats**.
   - **Faites tourner les auditeurs** entre différents services pour éviter le biais de familiarité et maintenir une vision fraîche et critique.
7. **Élaborer des procédures d'audit claires :**
   - Mettez en place des **procédures normalisées** décrivant les étapes de l'audit, la classification des constats, la rédaction des rapports et la gestion des actions correctives.
   - Assurez-vous que tous les auditeurs suivent la **même méthodologie** afin de garantir la cohérence et la fiabilité du processus.

Liste de vérification pour la réalisation d'un audit interne réussi

Une **checklist** est un outil essentiel pour garantir que l'audit est mené de manière **exhaustive, structurée et conforme à la norme ISO 9001**.

Le tableau ci-dessous présente une **liste de contrôle type** pour un audit interne efficace :

Étape d'audit	Tâches
Préparation	- Examiner la documentation ISO 9001 (SMQ, politiques, procédures). - Déterminer les objectifs et le périmètre de l'audit. - Élaborer un plan d'audit avec des objectifs et échéances

	clairs. - Communiquer avec les départements concernés et planifier l'audit.
Exécution de l'audit	- Tenir une réunion d'ouverture avec les responsables de service. - Collecter et vérifier les preuves (documents, enregistrements, observations). - Interroger les employés pour comprendre leurs pratiques. - Observer la mise en œuvre des processus et leurs performances.
Documentation	- Enregistrer les constats de manière claire et objective. - Classer les constats en **non-conformités, observations** ou **opportunités d'amélioration**. - S'assurer que chaque constat est justifié par une preuve et une référence à la norme ISO 9001.
Rapport	- Rédiger un rapport d'audit complet décrivant les non-conformités, points forts et opportunités. - Communiquer les résultats aux parties concernées. - S'assurer que le rapport est **actionnable** et inclut des recommandations.
Post-audit	- Organiser une **réunion de clôture** avec les départements audités. - Définir les **actions correctives** et leurs **délais d'exécution**. - Suivre la mise en œuvre et la clôture des actions.
Suivi	- Vérifier la mise en œuvre effective des actions correctives. - Confirmer que les non-conformités ne se reproduisent pas. - Réaliser, si nécessaire, un **audit de suivi** pour valider la conformité.

Conseil pratique : comment gérer les audits en environnement de travail à distance ou hybride

Avec la montée du **télétravail** et des **modèles hybrides**, les audits internes doivent s'adapter à de nouveaux défis.

La réussite de ces audits dépend d'une approche **souple, technologique et bien structurée**.
Voici quelques **stratégies clés** pour mener efficacement des audits dans ces environnements :

- **Planifier à l'avance** : définissez des horaires adaptés aux fuseaux horaires et disponibilités de chaque partie.
- **Utiliser des outils numériques** : recourez à des plateformes sécurisées de visioconférence et de partage documentaire (Teams, SharePoint, etc.).
- **Garantir la traçabilité** : enregistrez les échanges et preuves numériques pour assurer la transparence.
- **Maintenir l'interactivité** : encouragez la participation active des audités grâce à des sessions interactives et des démonstrations à distance.
- **Protéger la confidentialité** : veillez à la sécurité des données échangées et à la conformité avec les réglementations en vigueur (ex. RGPD).

2. Préparer et partager la documentation à l'avance

Étape	Détail
Documentation avant l'audit	Fournir aux auditeurs toute la documentation nécessaire avant l'audit.
Types de documents à fournir	Politiques, Procédures, Organigrammes de processus, Rapports d'audits précédents.
Avantage du partage anticipé	Permet aux auditeurs d'examiner en détail les informations et d'arriver mieux préparés.

3. Utiliser des outils numériques pour la collecte de preuves

- Utilisez des **logiciels de gestion d'audit** tels qu'**AuditBoard**, **Ideagen** ou **Gensuite** pour collecter les preuves, suivre les constats et surveiller l'avancement des actions.
- Exploitez des **questionnaires ou formulaires numériques** pour recueillir les retours des employés, qui pourront être analysés lors des entretiens virtuels.

4. Planifier soigneusement les entretiens virtuels

- Planifiez les entretiens avec les employés à distance à l'aide d'**outils de visioconférence**. Assurez-vous que les participants disposent d'un environnement calme et adapté.
- Préparez les questions à l'avance et veillez à ce que les échanges soient **centrés sur la compréhension des processus** et leur **conformité aux exigences ISO**.

5. Réaliser des visites de processus virtuelles

- Effectuez des **visites virtuelles** des opérations à distance au moyen de **flux vidéo en direct** ou de **vidéos pré-enregistrées**.
- Demandez aux employés de **démontrer les processus en temps réel**, comme lors d'un audit en présentiel.

6. Documenter les constats sous format numérique

- Conservez tous les **constats et observations** sous format numérique afin de faciliter l'accès, la révision et l'archivage.
- Utilisez des outils tels que **Microsoft Excel**, **Google Sheets** ou des **plateformes de gestion d'audit** pour consigner les constats, suivre les progrès et générer les rapports d'audit.

7. Assurer une communication continue

- Maintenez une **communication constante** entre les membres de l'équipe d'audit et les services audités.
    - Organisez des **réunions quotidiennes de suivi** ou des points de coordination pour garantir le bon déroulement de l'audit et traiter rapidement tout problème.
- Utilisez des outils collaboratifs tels que **Slack** ou **Microsoft Teams** pour les échanges en temps réel et la mise à jour des informations pendant l'audit.

8. Faire preuve de flexibilité et d'adaptabilité

- Dans un environnement hybride ou à distance, des imprévus peuvent survenir (ex. : problèmes de connexion Internet, disponibilité des employés).
- Soyez **flexible sur les délais** et prêt à **adapter le planning** selon les circonstances pour maintenir l'efficacité de l'audit.

9. Assurer le suivi post-audit

- En contexte distant, le **suivi des actions correctives** est primordial.
- Utilisez des **outils de gestion de projet numériques** tels que **Trello**, **Asana** ou **Monday.com** pour suivre l'avancement des actions, assigner les responsabilités et garantir la traçabilité des corrections.

Conclusion

La conduite d'audits dans des environnements **à distance ou hybrides** requiert une combinaison efficace de **technologie, de communication et de flexibilité**. Une **équipe d'audit interne solide**, appuyée par une **checklist structurée** et des **rapports d'action corrective bien documentés**, permet de maintenir la performance du processus d'audit, même dans des conditions complexes.

En appliquant ces **meilleures pratiques**, les organisations peuvent :

- Assurer une **conformité durable à la norme ISO 9001**,
- Favoriser l'**amélioration continue**,
- Et rester **performantes et résilientes** dans un environnement de travail en constante évolution.

CHAPITRE 4

Composantes de la Formation pour l'ISO 9001

Comprendre le rôle du Responsable Qualité

Le **Responsable Qualité** joue un rôle essentiel dans la **mise en place, le maintien et l'amélioration du Système de Management de la Qualité (SMQ)** au sein d'une organisation.

Ce rôle consiste à superviser le développement, l'application et le suivi des exigences de la norme **ISO 9001**, afin de garantir que les produits et services répondent à la fois aux exigences réglementaires et aux attentes des clients.

Le Responsable Qualité veille à ce que les processus internes soient **efficaces, performants et cohérents** dans la production de résultats de qualité. Il a également la responsabilité d'encadrer les équipes pour favoriser l'**amélioration continue**, **auditer les pratiques internes** et **gérer les risques**.

Voici un aperçu des **principaux éléments** qui définissent le rôle du Responsable Qualité selon la norme **ISO 9001** :

Compétences et aptitudes requises

Pour gérer efficacement un SMQ conforme à l'ISO 9001, le Responsable Qualité doit posséder un ensemble varié de **compétences techniques, interpersonnelles et managériales**. Les aptitudes suivantes sont essentielles :

1. **Connaissance des normes ISO 9001 :**
    - Une compréhension approfondie de la norme ISO 9001 et de ses principes constitue la base du rôle.
    - Le Responsable Qualité doit savoir **interpréter et appliquer la norme** à travers l'organisation tout en assurant la conformité.

   - La maîtrise du cycle **Planifier–Faire–Vérifier–Agir (PDCA)** et de son application dans l'amélioration des pratiques qualité est indispensable.
2. **Leadership et gestion d'équipe :**
   - Le leadership est essentiel pour **inspirer, motiver et mobiliser** les équipes.
   - Le Responsable Qualité doit être capable d'**impulser le changement**, de promouvoir une **culture orientée qualité** et de garantir l'alignement entre les **objectifs qualité et les objectifs stratégiques** de l'entreprise.
   - Une gestion efficace des équipes est également nécessaire pour coordonner les efforts entre départements et assurer la compréhension du rôle de chacun dans le maintien des standards qualité.
3. **Compétences en analyse et en résolution de problèmes :**
   - Des capacités solides de **résolution de problèmes** sont requises pour identifier les non-conformités, analyser les causes racines et mettre en œuvre des actions correctives efficaces.
   - Des compétences **analytiques** sont nécessaires pour interpréter les données, examiner les rapports d'audit et évaluer la performance des actions entreprises.
4. **Amélioration des processus :**
   - L'**amélioration continue** constitue un pilier de la norme ISO 9001. Le Responsable Qualité doit être capable d'identifier les inefficacités et de proposer des améliorations.
   - La connaissance d'outils tels que l'**Analyse des causes racines (RCA)**, l'**AMDEC (Analyse des Modes de Défaillance, de leurs Effets et de leur Criticité)**, **Six Sigma** et la **méthodologie Lean** est précieuse pour optimiser les processus.
5. **Compétences en communication :**
   - Une communication claire et structurée est essentielle pour diffuser les **politiques qualité, procédures et résultats** à tous les niveaux de l'organisation.
   - Le Responsable Qualité doit savoir **présenter les constats d'audit, les actions correctives et les besoins en formation** de manière constructive et exploitable.
6. **Gestion de projets :**
   - La capacité à gérer simultanément plusieurs projets liés à la qualité (audits, évaluations de risques, analyses de processus, etc.) est indispensable.

   - De bonnes compétences en **gestion du temps et allocation des ressources** garantissent la réalisation des projets dans les délais impartis.
7. **Connaissance réglementaire et conformité :**
   - Le Responsable Qualité doit comprendre les **réglementations**
   - **applicables et les normes sectorielles** afin d'assurer la conformité de l'organisation aux exigences légales.
   - Il doit également **suivre les évolutions réglementaires** et les tendances du secteur pour maintenir le SMQ conforme aux exigences en vigueur.
8. **Gestion des risques :**
   - Identifier, évaluer et maîtriser les risques liés aux processus organisationnels fait partie intégrante des responsabilités du Responsable Qualité.
   - La **pensée fondée sur le risque** (risk-based thinking) est essentielle pour appliquer efficacement les exigences de l'ISO 9001 dans les situations réelles.

Évolution de carrière dans le management de la qualité

Une carrière dans le domaine du management de la qualité offre de **nombreuses perspectives d'évolution**, en raison du rôle croissant de l'assurance qualité dans la compétitivité des entreprises.

Les Responsables Qualité jouent un rôle déterminant pour garantir que les organisations livrent des produits et services conformes aux attentes clients et aux normes internationales.

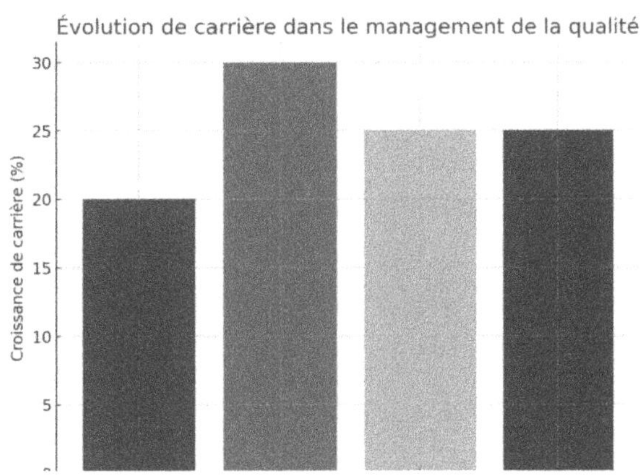

1. **Postes de début de carrière :**
   - Les postes d'entrée comprennent les rôles de **Coordinateur Qualité**, **Contrôleur Qualité** ou **Technicien Qualité**.
   - Ces fonctions consistent à **soutenir le Responsable Qualité** dans la réalisation des audits, des inspections et la gestion documentaire.
   - À ce stade, les professionnels se familiarisent avec les **systèmes qualité**, les **techniques d'inspection** et la **norme ISO 9001**.
2. **Postes intermédiaires :**
   - Avec l'expérience, un professionnel peut évoluer vers des postes tels que **Superviseur Assurance Qualité**, **Analyste Qualité Senior** ou **Coordinateur ISO**.
   - Ces fonctions incluent la **conduite d'audits internes**, la **gestion des plans d'actions correctives**, la **formation interne** et la **mise en œuvre d'améliorations de processus**.
   - Elles impliquent également une participation active à la **gestion du SMQ** et à l'**alignement des départements sur les standards qualité**.
3. **Postes de niveau supérieur :**
   - L'étape suivante consiste à accéder au poste de **Responsable Qualité**, chargé de superviser l'ensemble du SMQ et d'assurer la conformité à la norme ISO 9001.
   - Ce rôle implique la **planification stratégique des initiatives qualité**, la **collaboration avec la direction** et la **promotion de l'amélioration continue** à l'échelle organisationnelle.
   - Le Responsable Qualité interagit souvent avec des **auditeurs externes**, des **organismes de réglementation** et des **clients**.
4. **Postes de direction :**
   - Avec une solide expérience, un professionnel peut accéder à des postes de **Directeur Qualité**, **Vice-Président Assurance Qualité** ou **Directeur Général Qualité (CQO)**.
   - À ce niveau, l'accent est mis sur l'**alignement des stratégies qualité avec les objectifs d'affaires** et sur le rôle de la qualité comme **levier de performance organisationnelle**.
   - Ces fonctions comprennent la **supervision d'équipes pluridisciplinaires**, la **gestion de programmes stratégiques** et la **définition des objectifs qualité à long terme**.
5. **Rôles spécialisés :**

  - Les professionnels spécialisés peuvent s'orienter vers des rôles comme **Black Belt Lean Six Sigma**, **Consultant Qualité** ou **Auditeur Qualité**.
  - Ces postes impliquent l'application de **méthodologies avancées** (Lean, Six Sigma, TQM) dans des secteurs spécifiques tels que l'industrie, la santé ou les technologies de l'information.
6. **Formation continue et certifications :**
  - Les certifications reconnues telles que **Auditeur Qualité Certifié (CQA)**, **Six Sigma Black Belt (CSSBB)**, **Auditeur Principal ISO 9001** et **Manager Certifié en Qualité/Excellence Organisationnelle (CMQ/OE)** sont très valorisées.
  - La **formation continue** par le biais d'ateliers, de séminaires ou de diplômes avancés (Master en Management de la Qualité ou en Administration des Affaires) renforce la crédibilité et accélère la progression professionnelle.

Conclusion

Le rôle du **Responsable Qualité** dans le cadre de l'ISO 9001 est **multifacette**, combinant **expertise technique**, **leadership**, **communication** et **vision stratégique**. En tant que garant du **Système de Management de la Qualité (SMQ)**, le Responsable Qualité veille à ce que l'organisation **réponde aux attentes des clients**, **respecte les exigences réglementaires** et **s'engage dans une démarche d'amélioration continue**.

Le domaine du management de la qualité offre de **nombreuses perspectives d'évolution**, allant des **postes de début de carrière** jusqu'aux **fonctions de direction**. À mesure que les entreprises accordent une importance croissante à la qualité et à la conformité, la demande en **Responsables Qualité compétents** ne cessera d'augmenter.

Grâce aux **compétences appropriées et aux certifications reconnues**, une carrière dans la qualité peut offrir à la fois **épanouissement professionnel et personnel**, tout en contribuant activement à **l'excellence des produits** et à **la performance durable des organisations**.

Sujets essentiels de formation pour les employés

Une **formation efficace du personnel** est indispensable pour garantir la compréhension et la mise en œuvre réussie du **Système de Management de la Qualité (SMQ)** selon la norme **ISO 9001** à tous les niveaux de l'organisation. Alors que les Responsables Qualité se concentrent sur les systèmes et processus globaux, les employés doivent être **formés de manière adéquate** pour **soutenir et appliquer les exigences de l'ISO 9001** dans leurs activités quotidiennes.

Les thématiques ci-dessous constituent les **sujets essentiels de formation** permettant aux employés de comprendre et de contribuer activement à la réussite de la mise en œuvre de l'ISO 9001.

Formation de sensibilisation à l'ISO 9001

La **formation de sensibilisation à l'ISO 9001** représente la **base fondamentale** de toute mise en œuvre du système qualité.

Elle permet à l'ensemble du personnel de comprendre les **principes clés de la norme**, leur **application pratique** et leur **impact sur le rôle de chacun** au sein de l'organisation.

Principaux éléments de la formation de sensibilisation à l'ISO 9001 :

1. **Introduction à l'ISO 9001 :**
    - Présentation générale de la norme ISO 9001 et de son objectif dans la promotion de la qualité au sein des organisations.
    - Historique et évolution de la norme, depuis ses premières versions jusqu'à **l'ISO 9001:2015**.
    - Importance de la **satisfaction client**, de **l'amélioration continue** et de la **pensée fondée sur le risque** dans le management de la qualité.
2. **Structure de la norme ISO 9001 :**
    - Compréhension du **cadre de la norme**, de ses **principes** et de ses **principales clauses**.

   - Familiarisation avec **l'Annexe SL**, qui définit une structure commune à toutes les normes de systèmes de management (ISO 14001, ISO 45001, etc.).
   - Présentation des **principes de management de la qualité** : orientation client, leadership, engagement du personnel, approche processus, amélioration, prise de décision fondée sur des preuves, et gestion des relations.
3. **Rôles et responsabilités :**
   - Définition des **responsabilités des employés** dans le maintien du SMQ : respect des procédures, signalement des non-conformités et contribution à la qualité des produits et services.
   - Sensibilisation à l'importance du **rôle de chaque employé** dans l'atteinte des **objectifs qualité**.
4. **Le cycle Planifier–Faire–Vérifier–Agir (PDCA) :**
   - Introduction au **cycle PDCA**, concept central de l'ISO 9001 favorisant l'amélioration continue.
   - Exemples pratiques illustrant la contribution des employés à chaque phase : **Planifier (Plan)**, **Faire (Do)**, **Vérifier (Check)** et **Agir (Acte)**.
5. **Maîtrise de la documentation :**
   - Présentation du concept d'**informations documentées** dans l'ISO 9001 (procédures, instructions de travail, formulaires, enregistrements, etc.).
   - Importance du **contrôle documentaire** pour garantir la **cohérence**, la **traçabilité** et la **conformité** des informations.
6. **Orientation client :**
   - Compréhension du rôle clé de la **satisfaction client** et de la manière dont chaque employé influence l'expérience du client.
   - Formation à la **gestion des retours clients** et à l'**exploitation des réclamations** pour améliorer les produits et services.

Exemple d'agenda de formation à la sensibilisation ISO 9001 :

Heure	Thème	Détails
0:00 – 0:10	Introduction à l'ISO 9001	Présentation générale, historique et principes clés.
0:10 – 0:30	Structure et clauses de l'ISO 9001	Explication des clauses principales et de leur importance pour les employés.
0:30 – 0:50	Rôles et responsabilités	Définition des attentes et responsabilités dans le SMQ.

0:50 – 1:10	Le cycle PDCA	Exemples concrets et exercices pratiques d'application.
1:10 – 1:30	Maîtrise documentaire & orientation client	Gestion des documents et traitement des retours clients pour assurer la qualité.

Pensée fondée sur le risque et techniques de résolution de problèmes

La **pensée fondée sur le risque** est un concept essentiel introduit par **l'ISO 9001:2015**.
Elle encourage les employés à **identifier et traiter les risques et opportunités de manière proactive**, garantissant ainsi que le management de la qualité soit **intégré dans les activités opérationnelles** de l'organisation.

En parallèle, les **techniques de résolution de problèmes** permettent aux employés d'aborder les difficultés de façon **structurée, méthodique et efficace**.

Principaux éléments de la formation sur la pensée fondée sur le risque :

1. **Compréhension de la pensée fondée sur le risque :**
   - Définir la notion de **risque** dans le contexte de l'ISO 9001 et comprendre son rôle dans la **prise de décision**.
   - Mettre l'accent sur l'**identification des risques et opportunités** au sein des processus et du **Système de Management de la Qualité (SMQ)**.
   - Développer une **approche préventive** permettant d'anticiper et de gérer les risques avant qu'ils ne deviennent des problèmes.
2. **Processus d'évaluation des risques :**
   - Présentation des étapes d'**identification**, d'**évaluation** et de **maîtrise des risques**.
   - Compréhension des **outils et techniques** utilisés pour l'évaluation des risques, tels que la **matrice des risques**, l'**AMDE (Analyse des Modes de Défaillance et de leurs Effets)** et l'**analyse des causes racines**.

Exemple : Modèle d'évaluation des risques (Matrice des risques)

Risque	Probabilité (1–5)	Impact (1–5)	Score de risque	Plan de maîtrise

			(Probabilité × Impact)	
Retard dans la chaîne d'approvisionnement	4	5	20	Diversifier les fournisseurs, constituer un stock tampon
Panne d'équipement	3	4	12	Maintenance préventive, formation des opérateurs

3. **Techniques de résolution de problèmes :**
   - Présentation de **méthodologies de résolution de problèmes** telles que les **5 Pourquoi**, le **diagramme en arêtes de poisson (Ishikawa)** et l'**analyse de Pareto**.
   - Encourager les employés à adopter une **approche analytique et factuelle** pour identifier les **causes profondes** des problèmes plutôt que de se limiter à leurs symptômes.

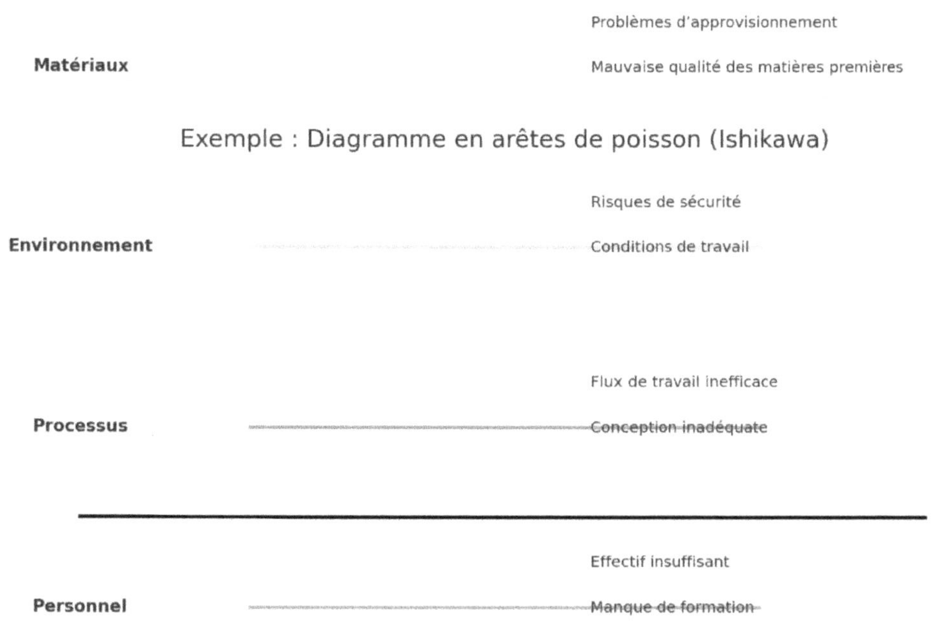

Exemple : Diagramme en arêtes de poisson

Le **diagramme d'Ishikawa** aide à identifier les **causes racines** d'un problème en les regroupant selon plusieurs catégories :

- **Personnel :** manque de formation, effectif insuffisant
- **Processus :** conception inadéquate, flux de travail inefficace
- **Environnement :** conditions de travail, risques de sécurité
- **Matériaux :** mauvaise qualité des matières premières, problèmes d'approvisionnement

Exemple : Exercice des 5 Pourquoi

Problème : la machine est en panne.

1. Pourquoi la machine est-elle en panne ? – Parce qu'elle a surchauffé.
2. Pourquoi a-t-elle surchauffé ? – Parce que le système de refroidissement ne fonctionnait pas correctement.
3. Pourquoi le système de refroidissement ne fonctionnait-il pas ? – Parce que le filtre était obstrué.
4. Pourquoi le filtre était-il obstrué ? – Parce qu'il n'était pas nettoyé régulièrement.
5. Pourquoi n'était-il pas nettoyé régulièrement ? – Parce qu'aucun **plan de maintenance préventive** n'avait été établi pour le système de refroidissement.

4. **Intégration de la pensée fondée sur le risque dans les opérations quotidiennes :**
   - Former les employés à **appliquer la pensée fondée sur le risque** dans leurs activités quotidiennes, notamment pour **identifier les améliorations de processus**, **traiter les réclamations clients** et **réduire les risques**.
   - Fournir des **exemples concrets** illustrant comment cette approche contribue à **améliorer l'efficacité** et la **qualité globale** des opérations.

Exemple d'agenda de formation à la résolution de problèmes :

Heure	Thème	Détails

0:00 – 0:10	Introduction à la pensée fondée sur le risque	Comprendre les risques et opportunités dans le management de la qualité.
0:10 – 0:30	Identification et évaluation des risques	Utilisation d'outils tels que la matrice des risques et l'AMDE.
0:30 – 0:50	Techniques de résolution de problèmes	Application des méthodes 5 Pourquoi et diagramme d'Ishikawa pour l'analyse des causes racines.
0:50 – 1:10	Intégration dans les opérations quotidiennes	Application de la pensée fondée sur le risque dans des situations réelles.
1:10 – 1:30	Étude de cas / exercice pratique	Mise en pratique à travers des exemples concrets d'identification et de résolution de problèmes.

Conclusion

La **formation des employés à la sensibilisation ISO 9001** et à la **pensée fondée sur le risque** est essentielle pour instaurer et maintenir une **culture axée sur la qualité**.
La sensibilisation à l'ISO 9001 permet aux employés de **comprendre le cadre normatif** ainsi que leur rôle dans le management de la qualité, tandis que la pensée fondée sur le risque et les techniques de résolution de problèmes leur fournissent les **outils nécessaires pour identifier les risques potentiels, les atténuer et améliorer continuellement les processus**.

Une formation bien structurée permet à l'organisation de développer un **personnel compétent et autonome**, contribuant ainsi à un **meilleur niveau de satisfaction client**, une **efficacité accrue des processus** et une **conformité réglementaire renforcée**.

Comment élaborer un programme de formation efficace

La mise en place d'un programme de formation efficace est un élément clé pour réussir l'**implémentation de l'ISO 9001** au sein de toute organisation. Un tel programme garantit que les employés **comprennent les principes du**

management de la qualité, **répondent aux exigences de la norme ISO 9001**, et **participent activement à l'amélioration continue**.

Le programme doit être **adapté aux différents rôles et niveaux de responsabilité** tout en veillant à atteindre les **objectifs globaux de conformité et d'amélioration de la qualité**.

Formation en présentiel vs. Formation en ligne

Lors de la conception du programme de formation, il est important de déterminer s'il convient d'adopter une **formation en présentiel**, une **formation en ligne**, ou une **approche mixte**.

Chaque méthode présente ses avantages et limites, selon la **nature du contenu**, le **profil des employés**, les **besoins organisationnels** et les **ressources disponibles**.

Formation en présentiel :

Méthode traditionnelle d'apprentissage où les employés participent à des sessions programmées dans un lieu physique.

Avantages :

- **Interactive :** Permet des échanges directs avec les formateurs et les collègues, favorisant les discussions et l'apprentissage collaboratif.
- **Pratique :** Offre la possibilité de poser des questions en temps réel et de réaliser des activités concrètes, particulièrement utiles pour les sujets techniques ou les audits ISO 9001.
- **Adaptable :** Le contenu peut être ajusté en fonction des retours immédiats des participants.

Inconvénients :

- **Contraintes de temps et de logistique :** Les employés doivent s'absenter de leurs tâches quotidiennes, ce qui peut engendrer des coûts et une perte de productivité.
- **Portée limitée :** Mieux adaptée aux petits groupes, la formation en présentiel peut être difficile à généraliser à l'ensemble de l'organisation, notamment pour les équipes distantes.

Formation en ligne (E-learning) :

Formation dispensée via des supports numériques (modules interactifs, vidéos, webinaires) accessibles à tout moment.

Avantages :

- **Flexible :** Les employés peuvent suivre la formation à leur rythme et selon leur emploi du temps.
- **Économique :** Une fois développés, les modules peuvent être réutilisés par de nombreux apprenants, réduisant les coûts liés aux déplacements, à la location de salles et aux honoraires des formateurs.
- **Scalable :** Idéale pour les grandes organisations ou les équipes réparties sur plusieurs sites.

Inconvénients :

- **Moins interactive :** L'apprentissage en ligne peut manquer d'interactions directes et de retours instantanés.
- **Discipline personnelle requise :** Les participants doivent être autonomes et motivés pour terminer le programme sans supervision directe.

Apprentissage mixte (Blended Learning) :

Cette approche combine **formation en présentiel et formation en ligne**, permettant de tirer parti des atouts de chacune.

Elle offre **flexibilité, interactivité et engagement**, tout en facilitant la mise en pratique des connaissances acquises.

Méthodes de formation sur le lieu de travail

La **formation en situation de travail (On-the-Job Training – OJT)** constitue un élément essentiel d'un programme de formation efficace.

Elle permet aux employés d'**apprendre directement à travers leurs tâches quotidiennes**, souvent sous la supervision d'un mentor ou d'un supérieur hiérarchique.

Principales méthodes de formation sur le lieu de travail :

1. **Observation (Job Shadowing) :**
   - Les nouveaux employés observent des collaborateurs expérimentés pour comprendre comment exécuter leurs tâches dans un contexte réel.
   - Idéal pour les postes nécessitant des compétences pratiques ou une connaissance approfondie de l'organisation.
2. **Mentorat :**
   - Plus structuré que l'observation, le mentorat repose sur un **accompagnement individuel** par un employé senior.
   - Il favorise un **développement professionnel durable** et assure un **transfert de connaissances efficace**.
3. **Coaching :**
   - Les superviseurs ou managers encadrent les employés sur des tâches spécifiques, en leur apportant des **retours immédiats** et des **conseils d'amélioration**.
   - Particulièrement utile pour les fonctions nécessitant un équilibre entre **théorie et pratique**, comme les audits ISO 9001 ou les contrôles qualité.
4. **Rotation de poste (Job Rotation) :**
   - Les employés changent temporairement de poste ou de service afin d'acquérir une **vision globale des processus**.
   - Favorise la **compréhension du cycle de valeur** et renforce la **coopération interfonctionnelle**.
5. **Simulations :**
   - Exercices pratiques ou jeux de rôle reproduisant des situations réelles.
   - Permet de développer des compétences en **résolution de problèmes**, **gestion des risques** et **prise de décision en contexte qualité** (ex. : audit, actions correctives).

Formation à la certification ISO 9001 pour auditeurs et responsables

La **formation à la certification ISO 9001** vise à préparer les **auditeurs et responsables qualité** à comprendre et appliquer l'ensemble des exigences de la norme.
Elle est particulièrement recommandée pour les **auditeurs internes** et **managers**

qualité en charge de la mise en œuvre et du suivi du **Système de Management de la Qualité (SMQ)**.

Formation des auditeurs ISO 9001 :

- Les programmes de **formation d'auditeur interne** et de **chef auditeur ISO 9001 (Lead Auditor)** préparent les participants à **conduire des audits internes et externes**, à **identifier les non-conformités** et à **élaborer des plans d'actions correctives**.
- Ces formations couvrent l'ensemble du **processus d'audit** : planification, réalisation, rédaction des rapports et suivi des actions.

Formation des managers ISO 9001 :

- Les managers apprennent à **intégrer les principes de l'ISO 9001** dans les **objectifs stratégiques** de l'entreprise.
- La formation met l'accent sur la **pensée fondée sur le risque**, l'**approche processus**, le **leadership** et l'**amélioration continue** pour soutenir une **culture de la qualité durable**.

Certification :

- Après réussite de la formation, les auditeurs obtiennent une **certification officielle** (ex. : *Lead Auditor*, *Internal Auditor*) attestant de leur compétence à réaliser des audits de conformité internes ou externes.
- Les managers peuvent obtenir une **certification de Responsable ISO 9001**, souvent exigée pour les postes de **management de la qualité** ou **d'assurance qualité**.

Étude de cas : Comment la formation des employés a amélioré la performance qualité dans une entreprise de logistique

Contexte :

Une entreprise de logistique spécialisée dans la chaîne d'approvisionnement et les services de livraison rencontrait des difficultés liées à des **inefficacités opérationnelles** et des **incohérences de qualité**.

Bien qu'elle ait mis en œuvre un système conforme à la **norme ISO 9001**, l'entreprise faisait face à des problèmes de **formation du personnel**, entraînant des **erreurs dans le traitement des commandes**, des **plaintes clients** et des **retards de livraison**.

Approche de formation :

L'entreprise a décidé de renforcer son programme de formation du personnel, en mettant l'accent sur les axes suivants :

1. **Sensibilisation à l'ISO 9001** pour l'ensemble des employés, afin qu'ils comprennent leur rôle dans le **Système de Management de la Qualité (SMQ)**.
2. **Formation en situation de travail** pour le personnel d'entrepôt et de livraison, afin de les aider à appliquer des procédures standardisées de **gestion des stocks** et de **préparation des commandes**.
3. **Formation en gestion des risques** destinée aux managers, pour leur permettre d'identifier les risques potentiels dans le processus logistique et de les atténuer avant qu'ils n'affectent les clients.

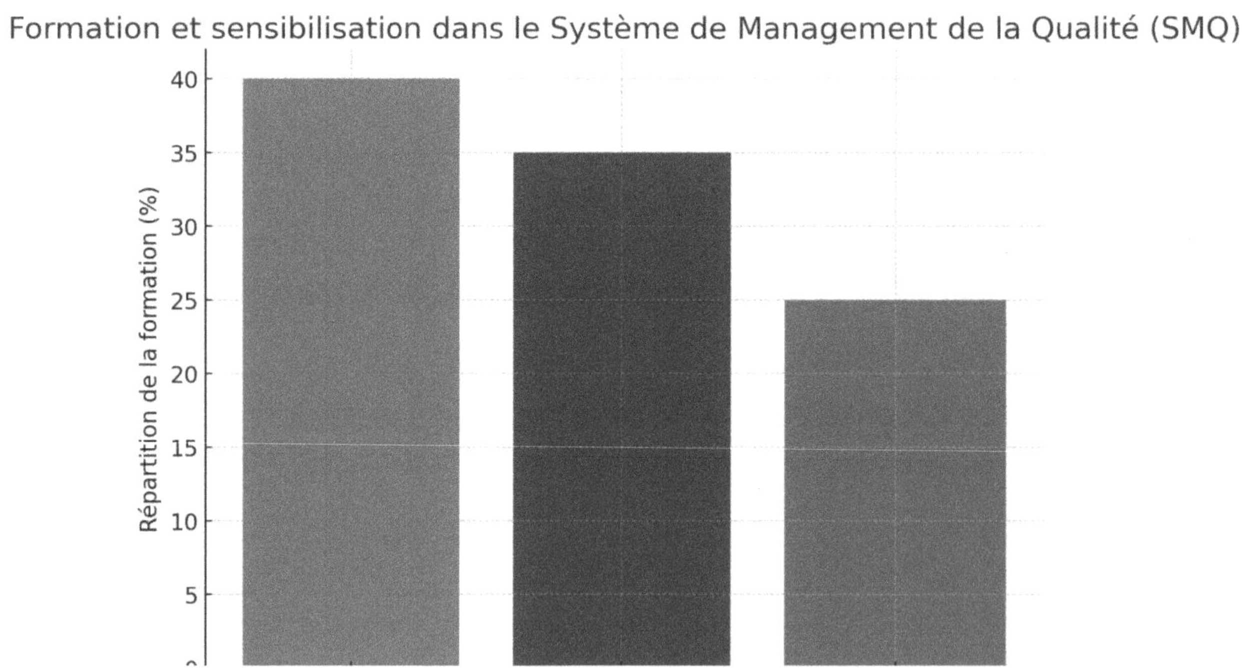

Résultats :

- **Réduction des erreurs :** après la formation, l'entreprise a constaté une diminution significative des erreurs dans l'exécution des commandes.
- **Amélioration de la satisfaction client :** les plaintes clients ont diminué de **35 %** au cours des six premiers mois suivant la mise en œuvre du programme.
- **Engagement accru des employés :** les collaborateurs se sont sentis plus confiants dans leurs rôles, contribuant à une **culture de travail positive** et à une **hausse de la productivité**.

Cette étude de cas illustre l'efficacité d'une **formation structurée et ciblée** pour améliorer à la fois la **performance qualité** et **l'efficacité opérationnelle** d'une organisation.

Entretien avec un expert : L'avenir de la formation en qualité – IA et simulations numériques

Avec l'évolution rapide des technologies, l'avenir de la formation ISO 9001 sera profondément influencé par les **avancées en intelligence artificielle (IA)** et en **simulations numériques**.

Les experts prévoient que l'IA transformera la manière dont la formation qualité est dispensée et dont les employés apprennent en temps réel.

L'intelligence artificielle dans la formation qualité :

- **Systèmes d'apprentissage adaptatif :** les plateformes propulsées par l'IA offriront des expériences d'apprentissage personnalisées selon le **rythme**, le **niveau de compétence** et le **poste** de chaque employé. Cela permettra un apprentissage ciblé avec des **retours immédiats**.
- **Analyse prédictive :** l'IA pourra analyser les **données qualité** pour identifier les **tendances de risque** ou les **défaillances potentielles** avant qu'elles ne se produisent, permettant de dispenser une formation préventive adaptée.
- **Assistants virtuels :** des assistants numériques alimentés par l'IA offriront une **aide en temps réel** aux employés, en répondant à leurs questions et en suggérant les **bonnes pratiques** conformes à la norme ISO 9001.

Simulations numériques :

- Les technologies de **réalité virtuelle (VR)** et de **réalité augmentée (AR)** sont de plus en plus utilisées pour la formation à des tâches complexes nécessitant une **expérience pratique**, comme les **audits ISO 9001** ou la **résolution de problèmes qualité**.
- Les **simulations immersives** reproduisent des situations réelles (ex. : conduire un audit, traiter une non-conformité) et permettent aux employés de **s'exercer sans risque d'erreur**.

Impact :

Ces innovations technologiques permettront aux organisations de :

- **Étendre leurs programmes de formation** à grande échelle ;
- **Réduire les coûts** liés à la formation présentielle ;
- Offrir aux employés des **expériences d'apprentissage plus interactives, engageantes et efficaces**.

Conclusion

Un **programme de formation efficace** constitue un pilier fondamental de la **mise en œuvre réussie de l'ISO 9001** et de la promotion d'une **culture organisationnelle axée sur la qualité**.

En combinant **formation en présentiel**, **formation en ligne** et **apprentissage sur le terrain**, les organisations peuvent s'assurer que **tous les employés**, quel que soit leur niveau, **comprennent la norme et leur rôle** dans le maintien de la qualité.

Par ailleurs, la **formation certifiante ISO 9001** destinées aux **auditeurs et managers** garantit que les responsables du SMQ disposent des compétences nécessaires pour **orienter l'entreprise vers l'amélioration continue**.

À l'avenir, l'**intelligence artificielle** et les **simulations numériques** joueront un rôle déterminant dans l'évolution de la formation qualité, en offrant des expériences d'apprentissage **personnalisées, immersives et dynamiques**, adaptées aux besoins des organisations de tous secteurs.

CHAPITRE 5

Processus de Certification ISO 9001

Étapes pour obtenir la certification ISO 9001

Obtenir la **certification ISO 9001** implique une approche structurée visant à mettre en œuvre et à démontrer la conformité au **Système de management de la qualité (SMQ)** selon la norme **ISO 9001:2015**.

Ce processus de certification garantit que les organisations mettent en place des **pratiques de management de la qualité efficaces**, améliorent la **satisfaction des clients**, et favorisent une **amélioration continue** de leurs opérations.

Étapes pour obtenir la certification ISO 9001

Le parcours vers la certification ISO 9001 se décompose en plusieurs **phases clés**, chacune conçue pour aider l'organisation à mettre en place un SMQ solide et conforme aux exigences de la norme.

1. Analyse des écarts et évaluation de la préparation

Avant de mettre en œuvre la norme ISO 9001, il est essentiel de réaliser une **analyse des écarts (Gap Analysis)** et une **évaluation de la préparation**.

Ces étapes permettent d'évaluer l'état actuel du système de management et d'identifier les écarts entre les pratiques existantes et les exigences de la norme. Elles servent d'outil diagnostique pour déterminer les **axes d'amélioration prioritaires**.

Qu'est-ce qu'une analyse des écarts ?

L'analyse des écarts consiste en une **évaluation approfondie** des systèmes, processus et politiques de management existants, comparés aux **exigences de la norme ISO 9001**.

L'objectif est d'identifier les différences entre les pratiques actuelles et la norme, afin d'établir une **feuille de route corrective** pour atteindre la conformité.

Principales activités de l'analyse des écarts :

1. **Examen des processus existants :**
    - Analyser les processus de management de la qualité afin de vérifier leur conformité aux clauses de l'ISO 9001:2015, notamment celles relatives au **leadership**, à la **planification**, au **soutien**, aux **opérations**, à **l'évaluation des performances** et à **l'amélioration**.
    - Identifier les faiblesses actuelles telles que le **manque de documentation**, l'**insuffisance des retours clients**, ou une **gestion des risques inefficace**.
2. **Évaluation de la documentation :**
    - Examiner la documentation qualité existante (procédures, instructions de travail, politiques, etc.).
    - Vérifier la cohérence de cette documentation avec la **structure** et la **terminologie** de la norme ISO 9001.
3. **Implication des employés et des parties prenantes :**
    - Mener des entretiens ou enquêtes pour évaluer le **niveau de sensibilisation à la qualité** et la capacité du personnel à **répondre aux exigences clients**.
4. **Identification des besoins en formation :**
    - Déterminer les besoins de formation relatifs à l'**engagement de la direction**, aux **audits internes**, à la **pensée fondée sur le risque**, ou au **contrôle documentaire**.

Évaluation de la préparation :

Aspect	Détail
Évaluation de la préparation	Vérification de l'opérationnalité du système de management de la qualité, disponibilité des ressources et compréhension des rôles des employés.

Méthode d'évaluation	Analyse des écarts et vérification de la mise en œuvre des actions correctives identifiées.

Résultats attendus de l'analyse des écarts et de l'évaluation de la préparation :

- **Plan d'action :** un plan détaillé précisant les étapes à suivre pour combler les écarts identifiés (rédaction de documents, amélioration des processus, formation du personnel, etc.).
- **Calendrier :** un échéancier de mise en œuvre permettant de suivre les progrès et de garantir la préparation à l'audit de certification dans les délais fixés.

2. Documentation et standardisation des processus

Une fois les écarts identifiés et l'organisation prête à procéder à la mise en œuvre, l'étape suivante consiste à **documenter et standardiser les processus**. La norme ISO 9001 exige que les organisations créent et maintiennent une documentation claire et complète décrivant leurs **processus et procédures qualité**. Cette documentation constitue à la fois une **preuve de conformité** et un **outil de pilotage** pour l'amélioration continue.

Qu'est-ce que la documentation des processus ?

La documentation des processus correspond à l'enregistrement formel des **procédures, responsabilités, rôles et politiques** liés au management de la qualité. Elle garantit que chaque membre du personnel connaît ses obligations et dispose d'une **référence commune** pour assurer la cohérence des pratiques.

Principales activités liées à la documentation et à la standardisation :

1. **Élaboration du Manuel Qualité :**
    - Le **manuel qualité** constitue la pierre angulaire de la documentation ISO 9001.
    - Il présente une **vue d'ensemble** du SMQ, son **champ d'application**, ses **objectifs** et l'**engagement de la direction** en matière de qualité.
    - Il inclut généralement :
        - Le **champ d'application** du SMQ (services ou activités concernés)
        - La **politique qualité** de l'organisation

    - Les **objectifs qualité mesurables**
    - Une **description des processus et de leurs interactions**
2. **Procédures documentées :**
    - La norme ISO 9001:2015 impose la documentation de certaines procédures clés, notamment :
        - Les **actions correctives et préventives (CAPA)**
        - Les **audits internes**
        - La **gestion des non-conformités**
        - L'**évaluation des fournisseurs**
        - La **satisfaction client**
    - Ces procédures doivent décrire précisément la **méthodologie** et les **responsabilités** associées à chaque processus.
3. **Instructions de travail :**
    - Les instructions de travail détaillent, étape par étape, la manière d'exécuter certaines tâches ou opérations afin d'assurer la **constance et la conformité** des résultats.
    - Elles s'appliquent particulièrement aux activités **opérationnelles** telles que la production, le contrôle qualité ou la logistique.
4. **Gestion des enregistrements :**
    - La norme exige la tenue d'**enregistrements exacts et à jour** attestant de la conformité du SMQ.
    - Cela inclut les **rapports d'audit**, les **fiches de formation**, les **rapports d'inspection**, et les **dossiers d'actions correctives**.
    - Un **système de gestion documentaire** doit être mis en place pour garantir l'**accessibilité**, la **traçabilité**, et la **protection** de ces informations.

Standardisation des processus :

- La standardisation vise à assurer une **application cohérente** des processus à travers tous les départements et sites.
- Pour y parvenir, les organisations doivent :
  o Identifier les **meilleures pratiques** pour chaque processus ;
  o Créer des **modèles et procédures uniformes** ;
  o Définir des **critères de performance homogènes** ;
  o Effectuer des **revues périodiques** pour détecter les opportunités d'amélioration.

Intégration aux opérations de l'entreprise :

La documentation et la standardisation doivent être **intégrées dans les opérations quotidiennes**, afin que la qualité fasse partie intégrante des activités et ne soit pas perçue comme une exigence distincte.

Résultats attendus :

- **Définition claire des processus** : chaque employé dispose d'une référence documentée pour exécuter ses tâches.
- **Conformité démontrée** : les procédures documentées prouvent la conformité du SMQ aux exigences ISO 9001.
- **Efficacité opérationnelle accrue** : la standardisation réduit les erreurs et les incohérences.
- **Base pour l'amélioration continue** : la documentation constitue un socle pour l'analyse et l'optimisation des performances.

Conclusion

Les étapes menant à la **certification ISO 9001** sont stratégiques et nécessitent une **planification rigoureuse** ainsi qu'une **exécution méthodique**.

L'**analyse des écarts** et l'**évaluation de la préparation** permettent aux organisations d'identifier et de corriger les domaines où leurs pratiques actuelles ne répondent pas pleinement aux exigences de la norme ISO 9001.

Par la suite, la **documentation et la standardisation des processus** constituent une étape essentielle pour garantir que l'organisation fonctionne de manière **cohérente**, **efficace** et **conforme**. Cette documentation sert de **référence opérationnelle** tant pour les employés que pour les auditeurs, assurant ainsi le respect des exigences normatives et la démonstration de la conformité lors des **audits de certification**.

En suivant ces étapes, les organisations peuvent progresser efficacement vers l'obtention de la **certification ISO 9001**, favorisant une **meilleure gestion de la qualité**, une **satisfaction accrue des clients**, et une **performance globale améliorée**.

À quoi s'attendre lors d'un audit externe

L'**audit externe** constitue une étape essentielle du **processus de certification ISO 9001**, mené par un **organisme certificateur tiers indépendant**. Son objectif est de vérifier si le **Système de Management de la Qualité (SMQ)** de votre organisation est conforme aux exigences de la norme **ISO 9001:2015**.

L'audit est généralement divisé en **deux étapes principales — Étape 1 et Étape 2**, chacune ayant ses propres objectifs et domaines d'évaluation.

1. Préparation aux audits de l'Étape 1 et de l'Étape 2

Audit de l'Étape 1 : Revue documentaire et évaluation initiale

L'**audit de l'Étape 1** se concentre principalement sur l'examen de la **documentation** de votre SMQ afin de vérifier sa conformité aux exigences de la norme ISO 9001.
Son objectif est d'évaluer la **préparation** de l'organisation pour l'audit complet de l'Étape 2.

Activités clés de l'Étape 1 :

- **Revue de la documentation :**
  L'auditeur examine le Manuel Qualité, les procédures et les autres documents essentiels pour vérifier leur conformité aux exigences de la norme.
- **Présentation de l'organisation :**
  L'auditeur évalue le champ d'application du SMQ et s'assure qu'il correspond aux activités et objectifs de l'entreprise.
- **Analyse des écarts :**
  Les écarts éventuels sont identifiés afin d'être corrigés avant de passer à l'Étape 2.

À quoi s'attendre :

- L'auditeur demandera l'accès à la documentation et à certains membres du personnel clé.
- Des commentaires préliminaires seront partagés concernant les points faibles ou les améliorations possibles.

- Un **rapport d'audit de l'Étape 1** sera émis, résumant les constats et les recommandations avant l'Étape 2.

Audit de l'Étape 2 : Évaluation détaillée et inspection sur site

L'**audit de l'Étape 2** est une évaluation approfondie qui vise à vérifier la **mise en œuvre effective** du SMQ dans l'organisation.

Il se déroule **sur site** et porte sur l'application concrète des procédures documentées.

Activités clés de l'Étape 2 :

- **Évaluation sur site :**
  Les auditeurs observent les processus en fonctionnement, interrogent le personnel et examinent les enregistrements pour confirmer la conformité du SMQ.
- **Vérification de la conformité :**
  L'auditeur évalue dans quelle mesure les procédures sont respectées et si elles permettent d'obtenir les résultats attendus.
- **Audit des audits internes :**
  L'auditeur examine la manière dont les audits internes sont réalisés, comment les non-conformités sont traitées et si les actions correctives sont efficaces.

À quoi s'attendre :

- **Observation des opérations :** Les auditeurs visiteront les zones de production, de service ou administratives pour observer les processus.
- **Entretiens avec le personnel :** Des entretiens auront lieu avec la direction et les employés afin de vérifier leur compréhension du SMQ et de leurs responsabilités.
- **Non-conformités et actions correctives :** Toute déviation par rapport à la norme sera documentée, et des actions correctives devront être entreprises avant la certification.

2. Réponse aux constats et observations

Au cours de l'audit, l'organisme certificateur formulera des **constats** (non-conformités) et des **observations** (recommandations d'amélioration).

Il est essentiel d'y répondre de manière **rapide et efficace** pour finaliser le processus de certification.

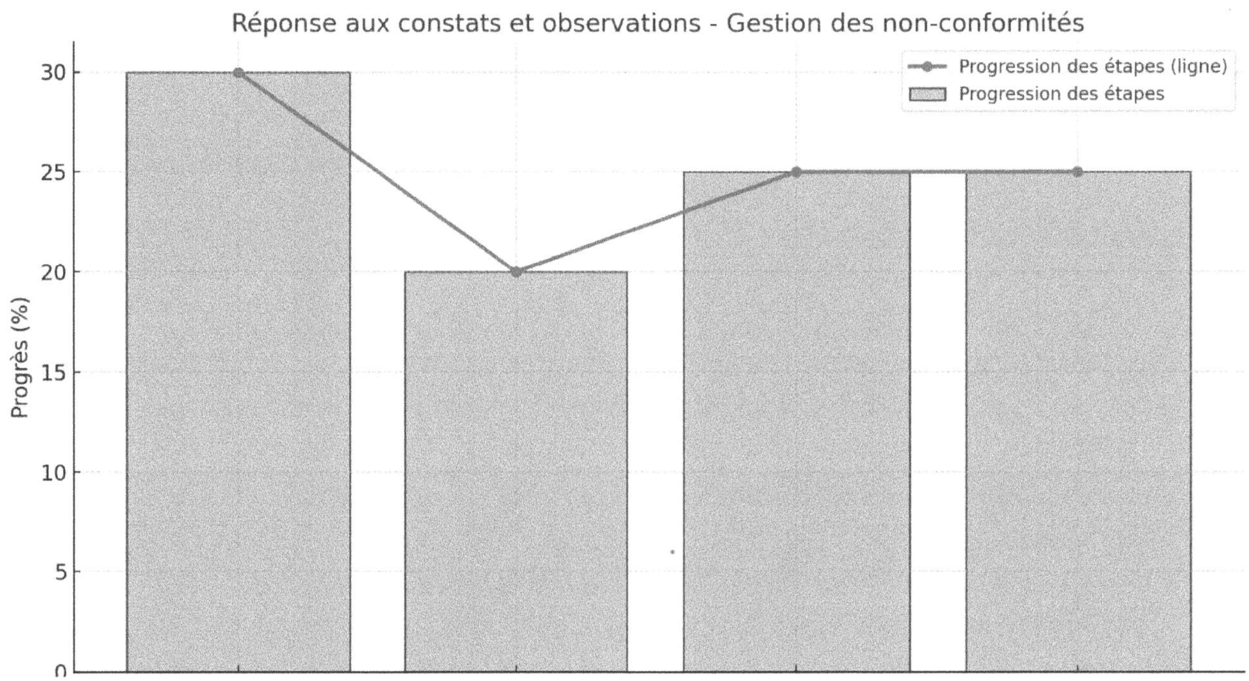

Gestion des non-conformités :

1. **Documenter la non-conformité :**
   Décrire clairement le problème observé, avec des preuves objectives à l'appui.
2. **Analyser la cause racine :**
   Identifier la cause profonde du problème et les facteurs qui l'ont provoqué.
3. **Élaborer un plan d'action corrective :**
   Définir les actions à entreprendre pour corriger et prévenir la réapparition du problème, avec des délais précis.
4. **Mettre en œuvre et vérifier :**
   Appliquer les actions correctives et vérifier leur efficacité à travers un suivi ou un audit complémentaire.

Gestion des observations :

- Les observations ne sont pas critiques, mais elles signalent des points d'amélioration ou des risques potentiels.
- Les traiter de manière proactive démontre un **engagement envers l'amélioration continue** et renforce la performance du SMQ.

3. Choisir le bon organisme certificateur

Le choix d'un **organisme certificateur reconnu** est déterminant pour obtenir une certification ISO 9001 crédible et respectée.

Critères de sélection à considérer :

1. **Accréditation :**
   Vérifiez que l'organisme est accrédité par une autorité reconnue (ex. : COFRAC, UKAS, ANAB, DAkkS). Cela garantit la validité et la reconnaissance internationale du certificat.
2. **Expertise sectorielle :**
   Choisissez un organisme ayant de l'expérience dans votre secteur d'activité.
3. **Réputation :**
   Renseignez-vous sur la réputation et les références de l'organisme auprès d'autres entreprises certifiées.
4. **Transparence du processus :**
   L'organisme doit fournir des informations claires sur le déroulement de l'audit, les coûts, les délais et l'accompagnement post-certification.
5. **Rapport qualité-prix :**
   Le coût ne doit pas être le seul critère. La compétence et la fiabilité de l'organisme sont primordiales.

4. Erreurs courantes à éviter lors de la certification

Certaines erreurs fréquentes peuvent compromettre la réussite de la certification. Les anticiper permet de gagner du temps et d'augmenter les chances de succès.

Erreurs à éviter :

1. **Manque d'engagement de la direction :**
   - Sans implication active de la direction, la mise en œuvre du SMQ manquera de vision et de ressources.

   - Les dirigeants doivent donner l'exemple, soutenir le projet et promouvoir une culture qualité.
2. **Documentation insuffisante :**
   - L'absence ou l'incomplétude du Manuel Qualité, des procédures ou des enregistrements peut entraîner des non-conformités.
3. **Faible implication du personnel :**
   - Si les employés ne comprennent pas les principes ISO 9001 ni leurs responsabilités, cela peut conduire à des erreurs ou à des écarts involontaires.
4. **Absence d'audits internes efficaces :**
   - Les audits internes sont indispensables pour évaluer la performance du SMQ. Leur absence ou le manque de suivi compromet la conformité.
5. **Manque d'amélioration continue :**
   - La certification n'est pas une fin en soi. L'organisation doit continuellement évaluer et améliorer ses processus pour maintenir la conformité et l'efficacité de son SMQ.

5. Liste de vérification pour une certification ISO 9001 réussie

Une **liste de vérification (checklist)** aide votre organisation à s'assurer qu'elle est **pleinement préparée** pour l'audit de certification ISO 9001.

Liste de vérification pour l'audit de certification ISO 9001 :

● **Revue documentaire :**

- Votre **manuel qualité** est-il à jour et conforme aux exigences de la norme ISO 9001 ?
- Vos **procédures, instructions de travail et enregistrements** sont-ils correctement documentés, contrôlés et facilement accessibles ?

● **Formation et sensibilisation :**

- Tous les employés ont-ils reçu une **formation de sensibilisation à la norme ISO 9001** ?
- Les **managers et responsables clés** comprennent-ils leurs rôles et responsabilités au sein du SMQ ?

● **Audits internes :**

- Vos **audits internes** sont-ils planifiés, réalisés et documentés ?
- Les **non-conformités** détectées sont-elles suivies et des **actions correctives** sont-elles mises en œuvre ?

- **Revue de direction :**

  - Des **revues de direction** ont-elles été organisées pour évaluer l'efficacité du SMQ ?
  - Les **actions d'amélioration** identifiées lors de ces revues sont-elles mises en œuvre et suivies ?

- **Actions correctives :**

  - Les **actions correctives** sont-elles correctement appliquées et leur efficacité vérifiée après les audits ?

- **Orientation client :**

  - Un **système de suivi de la satisfaction client** et de gestion des réclamations est-il en place et opérationnel ?

6. Étude de cas : Le parcours d'une petite entreprise vers la certification ISO 9001

Contexte :

Une **petite entreprise de fabrication** spécialisée dans les pièces métalliques sur mesure a décidé d'obtenir la **certification ISO 9001** afin d'améliorer la qualité de ses produits et d'élargir son marché.

L'entreprise rencontrait des problèmes récurrents de **qualité inconstante** et de **plaintes clients**, mais la direction a reconnu que la certification pouvait renforcer ses processus internes et accroître la confiance de ses clients.

Étapes suivies :

1. **Analyse des écarts (Gap Analysis) :**
   L'entreprise a réalisé une analyse des écarts et découvert que certains

processus clés — tels que la gestion des stocks et les contrôles qualité — n'étaient pas standardisés.

2. **Documentation des processus :**
   Elle a rédigé un **manuel qualité** et mis en place des **procédures opératoires standardisées (SOP)** pour tous les processus critiques.
3. **Formation du personnel :**
   Tous les employés, du personnel de production à la direction, ont suivi une **formation ISO 9001**, comprenant leurs rôles et responsabilités dans le maintien du SMQ.
4. **Audits internes :**
   Des **audits internes réguliers** ont été instaurés, et les non-conformités identifiées ont été traitées de manière proactive.
5. **Audits de certification – Étapes 1 et 2 :**
   Après la phase de préparation, l'entreprise a **réussi les audits des deux étapes** sans non-conformité majeure.

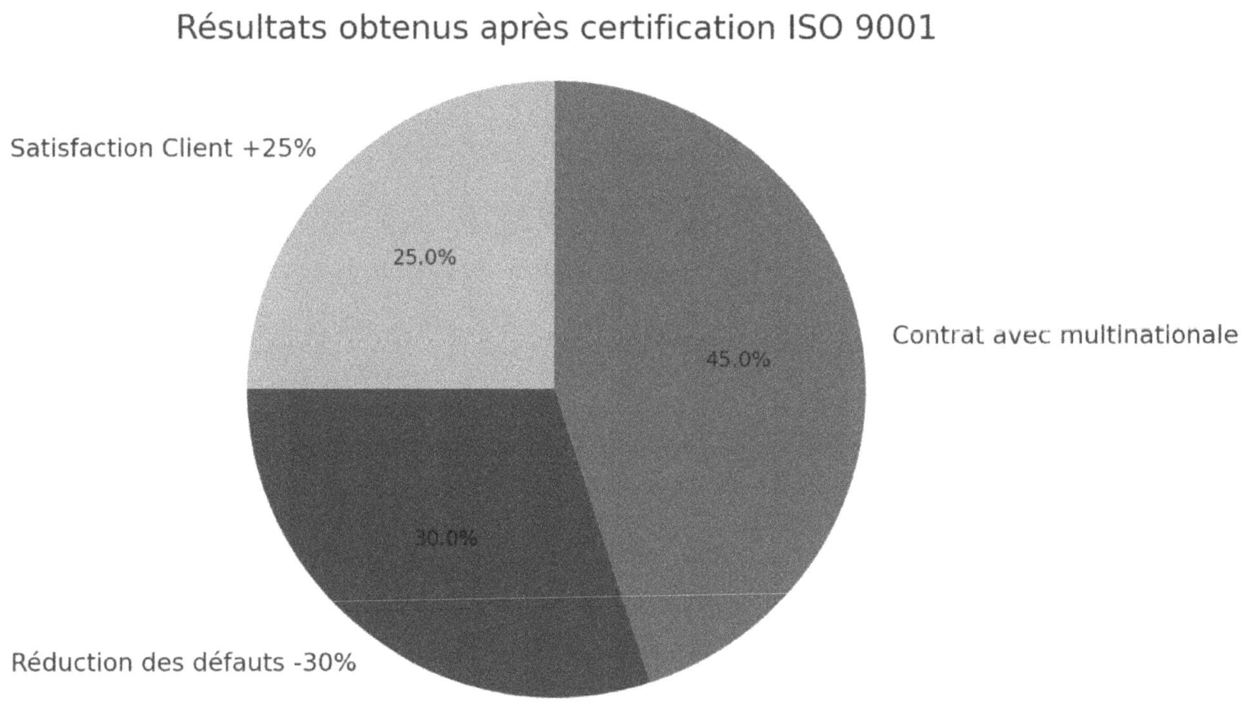

Résultats obtenus :

Résultat	Détail

Certification ISO 9001	L'entreprise a obtenu la certification ISO 9001 en six mois, démontrant la rapidité et l'efficacité du processus.
Augmentation de la satisfaction client	Une augmentation de 25 % de la satisfaction client a été enregistrée, grâce à une amélioration des processus de qualité.
Réduction des défauts produits	La réduction des défauts produits de 30 % a permis de diminuer les coûts de production et d'améliorer la fiabilité des produits.
Obtention d'un contrat important	L'entreprise a remporté un contrat important avec une multinationale, conditionné par l'obtention de la certification ISO 9001.

Conclusion

Réussir la certification ISO 9001 repose sur une **préparation rigoureuse**, une **implication active** à tous les niveaux de l'organisation et une **approche méthodique** du processus d'audit.

En comprenant **ce qui est attendu à chaque étape**, en **préparant soigneusement la documentation** et en **évitant les erreurs courantes**, les entreprises peuvent **simplifier leur parcours de certification** tout en posant les bases d'un **système de management de la qualité solide et durable**.

CHAPITRE 6

Défis courants et solutions pour les surmonter

Ce chapitre met en lumière les **défis les plus fréquents** rencontrés par les organisations lors de l'adoption de la norme **ISO 9001** et propose des **solutions pratiques** pour les surmonter. Il explique comment **gérer la résistance au changement**, **éviter la surcharge documentaire**, **maintenir la certification**, et **favoriser l'amélioration continue**.

Des **études de cas réelles** illustrent comment instaurer une culture de qualité durable et tirer parti du système de management de la qualité (SMQ) sur le long terme.

1. Surmonter les obstacles courants à l'adoption de l'ISO 9001

1.1 Résistance au changement et adhésion du personnel

La **résistance au changement** est l'un des obstacles majeurs à l'implémentation d'un SMQ conforme à l'ISO 9001.

Certains employés peuvent percevoir les nouvelles procédures comme inutiles, contraignantes ou complexes, sans en comprendre la valeur ajoutée. Cette résistance découle souvent de la **crainte d'une charge de travail accrue**, du **manque de compréhension du système** ou de la conviction que les processus actuels sont « suffisants ».

Comment surmonter la résistance :

- **Impliquer les employés dès le départ :** Faites participer les collaborateurs à toutes les étapes du projet ISO 9001. Expliquez les bénéfices concrets : amélioration de la satisfaction client, réduction des erreurs, et sécurité de l'emploi.

- **Communication claire et transparente :** Présentez la norme non pas comme une contrainte, mais comme un levier d'efficacité et de reconnaissance externe.
- **Formation et accompagnement :** Offrez une formation adaptée aux rôles et responsabilités de chacun afin qu'ils se sentent impliqués et compétents face aux changements.
- **Engagement de la direction :** Le leadership doit montrer l'exemple. L'implication visible de la direction renforce la crédibilité du projet et favorise l'adhésion du personnel.

Exemple – Résistance surmontée :

Une entreprise manufacturière faisait face à une forte opposition de la part de ses opérateurs. Après les avoir inclus dans les ateliers de révision des processus et démontrés que le SMQ réduisait les défauts et simplifiait leur travail, la résistance a progressivement disparu et la productivité s'est accrue.

1.2 Surcharge documentaire : trouver le bon équilibre

Une **documentation excessive** est un écueil fréquent lors de la mise en œuvre de l'ISO 9001.

Par crainte de non-conformité, certaines organisations sur-documentent leurs processus, entraînant **une perte d'efficacité** et **une lourdeur administrative**.

Comment éviter la surcharge documentaire :

Stratégie	Détail
Rationaliser les processus	Chaque document doit avoir une finalité claire et utile. Supprimer les doublons et privilégier la lisibilité.
Utiliser des outils numériques	Mettre en place un système de gestion documentaire électronique pour faciliter la mise à jour et le contrôle des documents.
Se concentrer sur l'essentiel	Documenter uniquement les processus critiques ayant un impact direct sur la qualité et la satisfaction client.
Mettre en place un contrôle de version	Garantir que seules les versions à jour soient disponibles afin d'éviter toute confusion.

Exemple – Documentation allégée :

Une société de services croulait sous les formulaires et enregistrements redondants. En recentrant la documentation sur les processus clés et en numérisant les procédures, elle a réduit de 40 % son volume documentaire tout en restant totalement conforme à la norme.

1.3 Maintenir la certification et l'amélioration continue

Obtenir la certification ISO 9001 n'est que la première étape.

Le véritable défi réside dans le **maintien de la conformité** et l'**intégration durable de l'amélioration continue** dans la culture d'entreprise.

Comment maintenir la certification :

Activité	Détail
Audits internes réguliers	Réaliser des audits planifiés pour identifier les écarts et assurer la conformité permanente du SMQ.
Revues de direction périodiques	Évaluer régulièrement l'efficacité du système et définir des actions correctives ou préventives.
Engagement du personnel	Encourager les employés à proposer des améliorations et à participer activement au maintien du système.
Suivi des indicateurs de performance (KPI)	Définir et mesurer des indicateurs pertinents pour surveiller l'efficacité et la cohérence du SMQ.

Exemple – Certification maintenue :

Une entreprise logistique a instauré un cycle d'audits internes trimestriels et des réunions qualité intégrant les retours clients. Cette approche proactive a permis de maintenir la certification ISO 9001 sans non-conformité majeure pendant cinq années consécutives.

2. Solutions pour une réussite durable

2.1 Développer une culture d'amélioration continue

L'**amélioration continue** est au cœur de la norme ISO 9001.

Une culture d'amélioration continue garantit la pérennité du système et la satisfaction durable des parties prenantes.

Comment instaurer cette culture :

- **Favoriser le dialogue ouvert :** Permettez à chacun d'exprimer ses idées d'amélioration sans crainte de jugement.
- **Décisions fondées sur les données :** Appuyez-vous sur des mesures objectives (non-conformités, indicateurs de performance, réclamations clients) pour guider les améliorations.
- **Valoriser les réussites :** Célébrez les initiatives et les résultats obtenus pour encourager la participation.
- **Analyse des causes profondes :** Ne vous contentez pas de corriger les symptômes ; identifiez les causes fondamentales pour des solutions durables.

Exemple – Amélioration continue en pratique :

Une enseigne de distribution a instauré des réunions mensuelles de retour d'expérience avec ses équipes. En six mois, le taux de réclamations clients a chuté de 40 %, et la rotation des stocks s'est améliorée de manière significative.

2.2 Utiliser les indicateurs de performance (KPI) pour suivre la qualité

Les **indicateurs de performance clés (KPI)** permettent d'évaluer l'efficacité du SMQ et de vérifier que les objectifs qualité sont atteints.

KPI	Description	Cible
Satisfaction client	Mesure la satisfaction et les réclamations clients	≥ 90 % de satisfaction
Résultats d'audits internes	Suit le taux de non-conformités détectées	≤ 1 % de processus non conformes
Actions correctives	Mesure la mise en œuvre et la réussite des actions	≥ 95 % réalisées dans les délais
Taux de défauts	Évalue-les produits/services non conformes	≤ 2 % de défauts

Engagement du personnel	Suit la participation aux initiatives qualité	≥ 80 % de participation

Comment utiliser efficacement les KPI :

- **Fixer des objectifs SMART :** Spécifiques, mesurables, atteignables, réalistes et temporels.
- **Suivre et analyser régulièrement :** Comparez les résultats aux objectifs et identifiez les écarts.
- **Agir sur les résultats :** Utilisez les données pour prendre des décisions éclairées et orienter l'amélioration continue.

3. Étude de cas : Comment une entreprise de développement logiciel a surmonté ses problèmes de conformité ISO 9001

Contexte :

Une entreprise spécialisée dans le développement de logiciels avait déjà mis en place un système ISO 9001, mais rencontrait des **difficultés de conformité**, notamment dans la **documentation** et la **standardisation des processus**.

Les équipes peinaient à maintenir une cohérence dans les pratiques de codage et à assurer un suivi uniforme de la qualité sur plusieurs projets en parallèle.

Défis rencontrés :

1. Manque de standardisation dans les pratiques de codage.
2. Documentation incohérente des flux de travail des projets.
3. Communication insuffisante entre les équipes de projet et la direction qualité.

Solutions mises en œuvre :

1. **Lignes directrices de codage normalisées :** L'entreprise a élaboré des standards de codage uniformes et des instructions de travail détaillées pour chaque phase du développement logiciel.
2. **Système documentaire centralisé :** Un système de gestion documentaire basé sur le cloud a été déployé, facilitant le **contrôle des versions** et

garantissant que toutes les équipes utilisent les modèles et procédures les plus récents.

3. **Audits internes réguliers :** Un programme d'audits internes périodiques a été instauré pour vérifier la conformité continue aux exigences de la norme ISO 9001.

Résultats :

Après la mise en œuvre de ces améliorations, l'entreprise a **réussi son audit ISO 9001** avec un **nombre minimal de non-conformités**. Elle a également constaté une **hausse notable de l'efficacité opérationnelle** et une **amélioration de la satisfaction client**.

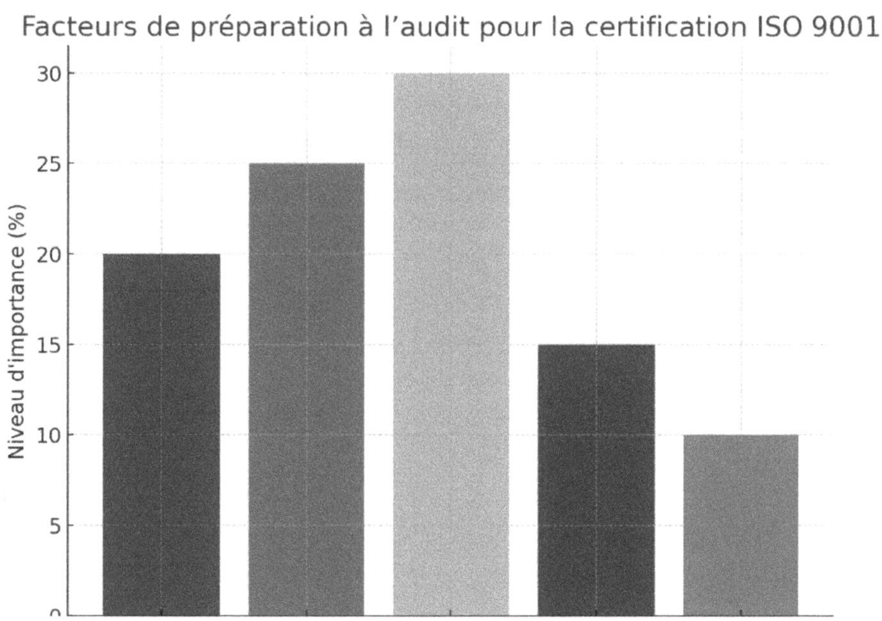

4. Conseils d'experts : Ce que recherchent les auditeurs ISO lors des contrôles de conformité

Astuces pour réussir un audit ISO 9001 :

1. **Préparation documentaire :** Assurez-vous que toute la documentation est **à jour**, **accessible** et **conforme** aux exigences de la norme.
2. **Sensibilisation du personnel :** Les auditeurs évalueront si les employés **comprennent leur rôle** dans le maintien des pratiques de management de la qualité.

3. **Actions correctives :** Présentez des **preuves concrètes** que votre organisation **traite les non-conformités** et met en œuvre des **actions correctives efficaces**.
4. **Cohérence dans l'application :** Les auditeurs vérifient la **constance de la mise en œuvre** des processus dans tous les services et départements.
5. **Indicateurs de performance :** La présence de **KPI fiables** et de **données mesurables** pour appuyer vos initiatives qualité renforce la crédibilité et la conformité du système.

Conclusion

Surmonter les défis courants liés à la mise en œuvre de la norme **ISO 9001** exige une **gestion proactive**, une **communication claire** et un **engagement fort envers l'amélioration continue**.

En traitant efficacement la résistance au changement, en évitant la surcharge documentaire et en adoptant une vision orientée vers le long terme, les organisations peuvent **intégrer la norme ISO 9001 dans leur culture** et **stimuler durablement la performance qualité** à tous les niveaux de l'entreprise.

CHAPITRE 7

Stratégies Avancées de Management de la Qualité

Ce chapitre explore des **stratégies avancées pour renforcer et intégrer la norme ISO 9001** avec d'autres systèmes de management et technologies modernes.

Il présente comment les organisations peuvent adopter des approches innovantes telles que **Six Sigma, Lean, l'intelligence artificielle (IA), le machine Learning et l'analyse de données** pour améliorer la performance qualité.

Le chapitre aborde également l'usage des outils numériques pour **automatiser la conformité ISO 9001** et l'application de **techniques prédictives** permettant de prévenir les problèmes de qualité avant qu'ils ne se produisent.

1. Intégration de l'ISO 9001 avec d'autres normes (ISO 14001, ISO 45001, ISO 27001)

La norme ISO 9001 se concentre sur le management de la qualité, mais son intégration avec d'autres normes ISO permet de créer un système de management intégré, plus complet et cohérent.

Voici les principales normes complémentaires :

1.1 ISO 14001 (Management Environnemental)

L'ISO 14001 définit les critères de gestion environnementale.

En l'intégrant à l'ISO 9001, une organisation garantit que la qualité de ses processus est alignée sur des **objectifs de durabilité environnementale**.

Exemple :

Une entreprise de fabrication utilisant ISO 9001 pour le contrôle qualité intègre ISO 14001 afin de gérer les déchets, réduire les émissions et respecter les réglementations environnementales.
Résultat : la qualité est assurée tout en maîtrisant l'impact écologique.

1.2 ISO 45001 (Santé et Sécurité au Travail)

L'ISO 45001 vise la prévention des risques professionnels et la sécurité des employés.
Combinée à ISO 9001, elle permet de **garantir la qualité des produits tout en assurant la sécurité du personnel**.

Exemple :

Une entreprise du BTP associe ISO 9001 et ISO 45001 pour contrôler la qualité des matériaux et réduire les accidents sur les chantiers grâce à une gestion proactive des risques.

1.3 ISO 27001 (Sécurité de l'Information)

L'ISO 27001 traites de la protection des données et de la sécurité de l'information. Son intégration avec ISO 9001 est cruciale pour les entreprises manipulant des **données sensibles** (secteurs financier, médical, etc.).

Exemple :

Une société de services financiers combine ISO 9001 et ISO 27001 pour garantir la qualité de ses services tout en protégeant les données clients, renforçant ainsi la **confiance et la conformité réglementaire**.

2. Le rôle de Six Sigma et Lean dans l'ISO 9001

Les approches **Six Sigma** et **Lean** sont des compléments puissants à ISO 9001. Elles permettent de **réduire les défauts (Six Sigma)** et **d'éliminer les gaspillages (Lean)**, contribuant à une amélioration continue des processus.

2.1 Six Sigma et ISO 9001

Six Sigma repose sur une approche **fondée sur les données** pour atteindre un niveau quasi nul de défauts (3,4 par million d'opportunités).

Cela s'accorde parfaitement avec l'objectif d'ISO 9001 de renforcer la performance des processus.

Exemple :

Un centre d'appels applique la méthode **DMAIC (Définir, Mesurer, Analyser, Améliorer, Contrôler)** pour identifier et réduire les erreurs dans le traitement des appels, diminuant ainsi les plaintes clients.

2.2 Lean et ISO 9001

Lean se concentre sur la **suppression des gaspillages** et l'optimisation des ressources (temps, matériaux, énergie).

Combiné à ISO 9001, il favorise une meilleure **efficacité opérationnelle** et une **livraison plus rapide et économique**.

Exemple :

Un hôpital applique Lean et ISO 9001 pour améliorer la circulation des patients, réduire les temps d'attente et optimiser l'utilisation du personnel et des équipements.

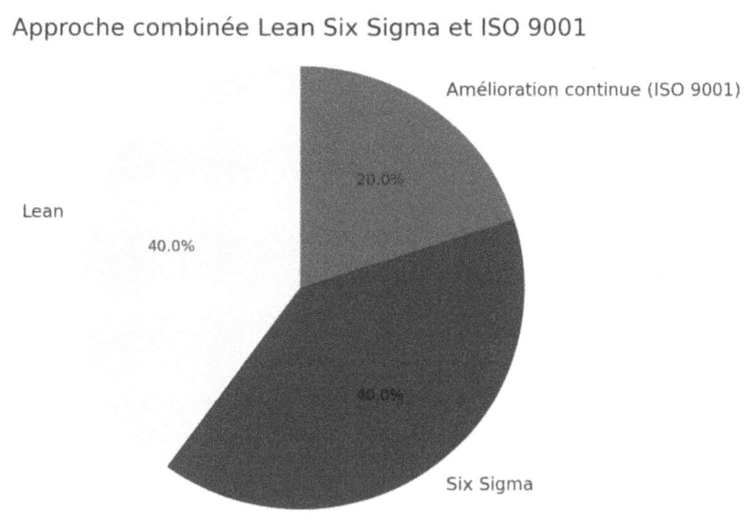

2.3 Lean Six Sigma : l'approche combinée

L'alliance de Lean et Six Sigma permet de **réduire les défauts tout en améliorant la productivité**.

Cette approche intégrée soutient la philosophie d'amélioration continue d'ISO 9001.

3. L'IA et le Machine Learning dans les audits qualité

Les technologies d'**intelligence artificielle (IA)** et de **machine learning (ML)** révolutionnent les audits qualité et la conformité ISO 9001.

3.1 L'IA dans les audits

L'IA automatise les tâches répétitives, analyse de grands volumes de données et identifie des **anomalies invisibles à l'œil humain**.

Exemple :

Une entreprise industrielle utilise l'IA pour examiner ses données de production et détecter des risques de non-conformité avant qu'ils ne deviennent des problèmes majeurs, réduisant le temps et les coûts d'audit.

3.2 Le Machine Learning pour les audits prédictifs

Le ML permet d'**anticiper les défaillances** à partir des données historiques.
Les algorithmes identifient les processus susceptibles de générer des non-conformités, permettant une action préventive.

Exemple :

Une société logistique déploie un modèle prédictif pour prévoir les retards de livraison et les plaintes clients, ajustant en temps réel ses opérations pour maintenir la conformité ISO 9001.

4. Exploiter l'analyse de données pour améliorer la performance qualité

L'**analyse de données** (Data Analytics) aide les entreprises à transformer leurs informations opérationnelles en **indicateurs de performance** exploitables pour améliorer la qualité.

4.1 Collecte et analyse des données

La collecte de données pertinentes permet d'identifier les tendances, les goulots d'étranglement et les retours clients utiles à l'amélioration continue.

Exemple :

Un distributeur analyse les données de vente, de retours clients et de stocks pour repérer les produits défectueux et renforcer le contrôle qualité en amont de la chaîne d'approvisionnement.

4.2 Suivi des indicateurs (KPI)

Les données permettent un suivi permanent des **indicateurs clés de performance** liés à ISO 9001, tels que la satisfaction client, le taux de défauts ou la ponctualité des livraisons.

Exemple :

Un fabricant agroalimentaire surveille la durée de vie de ses produits, le taux de gaspillage et les réclamations clients pour ajuster ses processus de production en continu.

5. Automatisation de la conformité ISO 9001 grâce aux outils numériques

L'automatisation de la conformité ISO 9001 permet de **gagner du temps, d'éviter les erreurs humaines et d'améliorer la traçabilité**.

5.1 Logiciels de gestion de conformité

Des plateformes numériques permettent d'automatiser la création, le suivi et la mise à jour des documents, audits et actions correctives.

Exemple :

Une entreprise d'électronique internationale utilise un logiciel intégré pour gérer automatiquement ses audits internes et le contrôle documentaire, garantissant la conformité simultanée à ISO 9001 et ISO 14001.

5.2 Rapports en temps réel

Les outils d'automatisation offrent une visibilité instantanée sur les constats d'audit, les non-conformités et les actions correctives.

Exemple :

Une société pharmaceutique exploite une plateforme numérique qui génère des rapports en temps réel sur la qualité de production, assurant la conformité continue à ISO 9001 et aux **Bonnes Pratiques de Fabrication (BPF/GMP)**.

6. Le management prédictif de la qualité : prévenir les problèmes avant leur apparition

Le **management prédictif de la qualité** repose sur des technologies analytiques avancées permettant de **prévoir et éviter les défaillances qualité** avant qu'elles ne se produisent.

6.1 Maintenance prédictive

En utilisant des capteurs et des algorithmes prédictifs, les entreprises anticipent les pannes machines et planifient les interventions avant les défaillances.

Exemple :

Une usine automobile utilise la maintenance prédictive pour surveiller l'usure des équipements de la chaîne d'assemblage, réduisant les arrêts de production et les non-conformités.

6.2 Analyse prédictive de la satisfaction client

L'analyse de données historiques sur les retours clients permet de **prévoir les besoins futurs** et d'ajuster les processus en conséquence.

Exemple :

Une plateforme e-commerce analyse les évaluations produites et anticipe les risques de plaintes pour renforcer les contrôles qualité avant la mise sur le marché.

7. Étude de cas : Comment une chaîne de distribution a réduit ses défauts produits grâce à un contrôle qualité basé sur l'IA

Contexte :

Une chaîne de distribution internationale faisait face à un taux élevé de défauts produits, résultant d'un contrôle qualité inégal entre ses différents sites de production. Les variations dans les processus et les inspections manuelles entraînaient des incohérences dans la qualité des produits livrés aux magasins.

Solution mise en œuvre :

L'entreprise a déployé un **système de contrôle qualité basé sur l'intelligence artificielle (IA)**, capable d'analyser les données en temps réel provenant des lignes de production.

Le système, reposant sur la **reconnaissance d'images et le machine learning**, détectait automatiquement les anomalies telles que les différences de couleur, les erreurs d'emballage ou les défauts de couture dans les articles textiles — et ce **avant l'étape d'emballage**.

Résultats obtenus :

Résultat	Détail
Réduction du taux de défauts	Le taux de défauts a été réduit de 35 %.
Augmentation de la satisfaction client	Le niveau de satisfaction client a significativement augmenté.
Maintien de la conformité ISO 9001	L'entreprise a pu maintenir sa conformité ISO 9001 tout en améliorant l'efficacité globale des opérations.

Conclusion

L'intégration de **stratégies avancées de management de la qualité** avec la norme **ISO 9001** offre aux organisations des leviers puissants pour renforcer leurs performances, réduire leurs coûts et garantir la conformité.

En tirant parti de l'**intelligence artificielle**, du **machine learning**, de l'**analyse de données** et des **outils numériques**, les entreprises peuvent transformer leur approche de la qualité — passant d'un modèle réactif à un modèle **proactif et prédictif**.

Ainsi, elles ne se contentent plus de répondre aux exigences d'ISO 9001, mais **dépassent les attentes des clients**, améliorent leur compétitivité et assurent la **pérennité de leur système de management de la qualité**.

CHAPITRE 9

Outils, modèles et ressources pour les praticiens ISO 9001

Ce chapitre présente un **aperçu détaillé des outils, modèles et ressources essentiels** que les praticiens ISO 9001 peuvent utiliser pour **optimiser la mise en œuvre** de leur **système de management de la qualité (SMQ)**, **garantir la conformité** et **améliorer continuellement leurs processus qualité**.

Il met également en lumière les **réseaux professionnels**, **associations** et **communautés** permettant aux praticiens d'échanger des connaissances et de rester informés des dernières évolutions de la norme **ISO 9001**.

1. Outils et modèles essentiels ISO 9001

Les praticiens ISO 9001 s'appuient souvent sur des **outils standardisés** pour faciliter la **mise en œuvre**, le **suivi** et l'**amélioration** de leur système de management de la qualité.

Voici les modèles et listes de vérification les plus utilisés pour assurer la conformité et la performance du SMQ.

1.1 Modèle de politique et d'objectifs qualité

La **politique qualité** définit la vision et les engagements d'une organisation en matière de qualité.
C'est un **élément fondamental** du SMQ, car elle oriente les actions, démontre l'engagement de la direction et soutient les objectifs d'amélioration continue.

Éléments du modèle de politique qualité	Description
Objectif	Énonce l'engagement de l'organisation envers la qualité.

Champ d'application	Définit les produits, services ou processus concernés.
Engagement envers la conformité	Affirme le respect des exigences légales, réglementaires et normatives.
Amélioration continue	Déclare l'engagement à améliorer continuellement le SMQ.
Rôles et responsabilités	Précise les personnes responsables de la mise en œuvre.

Exemple d'objectif qualité :

- **Objectif :** Réduire le taux de défauts produits de **10 %** au cours des 12 prochains mois.
- **Mesure :** Suivi du taux de défauts via un système de contrôle qualité automatisé.
- **Responsable :** Responsable assurance qualité.

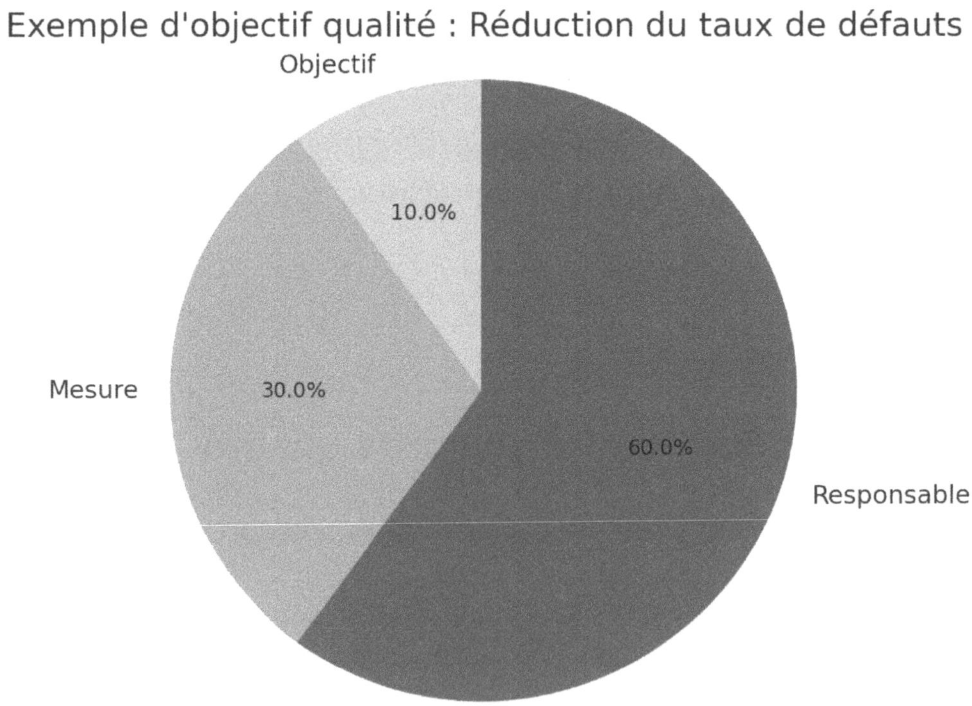

1.2 Liste de vérification pour audit interne

La **checklist d'audit interne** est un outil clé permettant d'évaluer l'efficacité du SMQ et de vérifier la conformité aux exigences de l'ISO 9001.
Elle aide à identifier les non-conformités, à assurer la cohérence des pratiques et à renforcer la culture qualité.

Section de la checklist	**Objectif**
Responsabilité de la direction	Vérifier l'engagement du leadership, la cohérence de la politique et l'allocation des ressources.
Orientation client	Évaluer la prise en compte des exigences clients et la satisfaction client.
Maîtrise documentaire	Examiner la gestion, la mise à jour et la diffusion des documents et enregistrements.
Management des processus	Contrôler l'efficacité et la cohérence des processus clés.
Actions correctives	Évaluer la pertinence et l'efficacité des mesures correctives mises en œuvre.

1.3 Modèle de rapport de non-conformité (NCR)

Le **rapport de non-conformité (NCR – Non-Conformance Report)** sert à documenter tout écart entre un produit, service ou processus et les exigences de l'ISO 9001.
Il aide à **identifier la cause racine**, à **mettre en œuvre les actions correctives** et à **prévenir la réapparition du problème**.

Champs du modèle NCR	Description
Description de la non-conformité	Détail précis de l'écart ou du défaut observé.
Analyse des causes	Recherche approfondie des causes fondamentales de la non-conformité.
Action corrective	Mesures prises pour corriger le problème et éviter sa récurrence.
Vérification de l'efficacité	Suivi et validation de l'efficacité des actions menées.
Responsable désigné	Personne chargée de traiter la non-conformité.

2. Ouvrages et formations en ligne recommandés sur ISO 9001

Pour renforcer leurs compétences, les praticiens ISO 9001 peuvent se tourner vers des **lectures spécialisées** et des **formations en ligne** qui approfondissent leur compréhension de la norme et de ses applications concrètes.

Ouvrages recommandés :

- *ISO 9001:2015 – A Complete Guide to Quality Management Systems* – par Ray Tricker
- *Quality Management Demystified* – par Sid Kemp
- *The ISO 9001:2015 Handbook* – par Milton P. Dentch
- *Managing for Quality and Performance Excellence* – par James R. Evans & William Lindsay

Formations en ligne suggérées :

- **Coursera** : *ISO 9001:2015 Quality Management System Implementation*
- **Udemy** : *Mastering ISO 9001: From Beginner to Advanced Practitioner*
- **LinkedIn Learning** : *Quality Management Foundations*
- **IQC Vienna Academy** : formations certifiantes et ateliers pratiques sur la mise en œuvre et l'audit ISO 9001.

Cet ouvrage a été initialement rédigé et publié en anglais. Cette édition française, y compris la présente note, a été créée à l'aide d'un outil d'intelligence artificielle, puis révisée par un linguiste professionnel. Malgré le plus grand soin apporté à l'exactitude et à la clarté de la traduction, l'auteur décline toute responsabilité en cas d'interprétations erronées ou d'éventuelles divergences entre cette édition et le texte original en anglais.
L'édition originale en anglais demeure la référence principale pour toutes les interprétations conceptuelles et techniques de la terminologie et du contenu relatifs aux normes ISO.

Remerciements et Ressources Complémentaires

Nous vous remercions d'avoir lu cet ouvrage consacré à **l'ISO 9001 et au management de la qualité**.
Nous espérons que les analyses, outils pratiques et recommandations présentés tout au long de ce livre vous aideront à progresser sur votre parcours vers **l'excellence en matière de systèmes de management de la qualité (SMQ)**.

Pour aller plus loin, approfondir vos connaissances ou bénéficier de formations personnalisées, nous vous invitons à découvrir **IQC Académie**.
Nous proposons une large gamme de **livres numériques, e-coachings et e-ateliers** conçus pour vous aider à maîtriser la norme ISO 9001 et à renforcer vos compétences professionnelles.

Visitez notre site : https://academy.iqc-vienna.com/
et explorez l'ensemble de nos ressources dédiées à la qualité et à la certification.

.